W0200540

Stéphane Allix
présente

Quand la mort arrive

Une enquête aux frontières de la vie
par Carine Anselme

Éditions
de La Martinière

Collection « Expériences Extraordinaires »,
dirigée par Stéphane Allix

Dans la même collection :

– *Le mystère des guérisseurs*, par Audrey Mouge
– *Intuition et 6ᵉ sens*, par Jocelin Morisson
– *La conscience de la Nature*, par Alessandra Moro Buronzo

© 2013, Éditions de La Martinière,
une marque de La Martinière groupe, Paris

Retrouvez-nous sur :
www.editionsdelamartiniere.fr
www.facebook.com/editionsdelamartiniere

ISBN . 978-2-7324-5214-2

Le Code de la propriété intellectuelle interdit les copies ou reproductions destinées à une utilisation collective. Toute représentation ou reproduction intégrale ou partielle faite par quelque procédé que ce soit, sans le consentement de l'auteur ou de ses ayants cause, est illicite et constitue une contrefaçon sanctionnée par les articles L. 335-2 et suivants du Code de la propriété intellectuelle.

À la mémoire de ma mère

À toute l'équipe de soins palliatifs
des Deux Alice (Bruxelles),
pour leur lumineuse humanité,
qui a transformé ces ultimes instants
en un moment plus-que-vivant

Sommaire

Pourquoi ce livre ?

Autour de nous, quantité d'expériences se produisent que nous ne comprenons pas. Ces expériences que nous qualifions d'extraordinaires, voire de *surnaturelles*, nous placent dans une zone frontière de l'esprit humain, un espace où il est aisé de perdre ses repères. Pourtant elles imprègnent nos vies, notre quotidien foisonne de ces moments particuliers, souvent subtils, parfois intenses, qui échappent à toute explication conventionnelle. Aussi, ces expériences extraordinaires suscitent-elles deux formes de réactions opposées : rejet ou fascination. Mais pourquoi n'aurions-nous le choix qu'entre ces deux options ? Ce livre vous présente une autre voie, celle de l'enquête journalistique sérieuse et objective.

Vous étiez souvent perdu devant l'absence de références sérieuses sur les phénomènes inexpliqués ? Ce livre répond à ce manque. Je vous propose de découvrir dans les pages qui suivent le fruit d'un véritable travail d'enquête réalisé par un grand reporter ayant abordé son sujet avec rigueur, méthode, et sans idée préconçue.

Avec cet ouvrage accessible qui privilégie le sérieux plutôt que le sensationnel, entrez dans un grand reportage fascinant, où se mêlent des témoignages, des entretiens avec les spécialistes – médecins, chercheurs, etc. – et toutes les références reconnues par la communauté scientifique sur ce *sujet frontière.* Ce livre le démontre : il est possible de s'intéresser à ces expériences que nous n'arrivons pas à expliquer tout en conservant les deux pieds sur terre. Il nous révèle en outre qu'en ces temps de mutations profondes c'est la science elle-même qui nous engage à modifier notre rapport à la réalité. En effet, cette enquête nous invite à une remise en question de nos certitudes, et nous offre de porter un regard différent sur la réalité. Et si l'extraordinaire nous permettait de voir le monde autrement ?

Stéphane Allix
www.inrees.com

Témoignage de l'auteur

L'espoir n'est pas l'optimisme,
ce n'est pas non plus la conviction
qu'une chose va bien se passer,
mais au contraire la certitude que cette chose a un sens,
quelle que soit la façon dont elle va se passer.

Vaclav HAVEL

C'était il y a seize ans… Au printemps, ma mère, 66 ans, apprend qu'elle est atteinte d'un cancer incurable, avec une espérance de vie de quelques mois, à peine. En sortant de chez le médecin, je me souviens… les cerisiers du Japon en fleur sonnent faux face au choc, à l'absurde du pronostic. « C'est sans doute la dernière fois que je les vois fleurir », constate-t-elle, effondrée.

Une chimiothérapie expérimentale et des soins complémentaires en énergétique lui permettent de vivre encore huit mois de pleine vie, provoquant l'étonnement du corps médical. Les fêtes de fin d'année sont joyeuses, habitées d'une intensité particulière. C'est après cet événement familial, suivi de peu par mon anniversaire, que maman décide, en quelque sorte, de lâcher lentement prise (comme cela arrive souvent, nous le verrons, pour les personnes en fin de vie, semblant attendre un événement phare ou un proche avant de partir) : vaillante le matin même de cet anniversaire, elle termine la journée terriblement affaiblie dans le canapé, après m'avoir donné une lettre testament, qui met en mots tout ce que nous avons partagé, de mère à fille.

Vient le temps des soins palliatifs. À l'époque, jeune rédactrice en chef de 29 ans, j'ai ce qu'on appelle une existence très « remplie ». J'ai donc bien failli passer à côté de l'opportunité offerte par ces ultimes instants de vie ; difficile d'arrêter le flux du quotidien… plus encore d'affronter le déclin de ceux que l'on aime ! Pour m'aiguiller dans le désarroi, mon livre de chevet est *La Mort intime*, de Marie de Hennezel ; l'un des premiers plaidoyers francophones pour l'accompagnement en conscience de la fin de vie[1]. Cet ouvrage m'ouvre les yeux et, apaisée, je décide – accompagnée en cela par mon frère, nous relayant si nécessaire – de vivre pleinement ce passage, de la vie à la mort, en restant à ses côtés. Un espace-temps hors du temps à même de se transmuer en cadeau inespéré. D'autant que nous n'avions pas pu vivre ce passage avec notre père, disparu brutalement quelques années auparavant. Cette décision me coûtera à terme mon travail, tant la société actuelle voit d'un mauvais œil les arrêts intempestifs dans la marche du monde. Avec, en toile de fond, dans notre époque de performance à tout prix, une peur extrême de la maladie et de la mort. Je me suis entendue dire que : « L'hôpital fait bien son boulot : une visite le soir suffira et, ici, il y a un magazine à boucler (*sic*) ! » Il semble loin le temps – pourtant proche, à l'échelle de l'histoire de l'humanité – où l'on veillait nos mourants, dans la conscience que se déroule là un moment de vie unique…

Au cœur même de la tristesse et de la souffrance (car loin de moi l'idée d'idéaliser ce passage escarpé de la fin de vie) fleurit alors l'une des périodes les plus fécondes de mon existence, en termes de partage, de transformation, d'Éveil. De joie, oserais-je dire. Ce qui choque

1. Marie de Hennezel, *La Mort intime,* Paris, Robert Laffont, 1995 – Pocket, 2006.

souvent ceux à qui j'en parle ! Et pourtant… Dans la sécurité du cocon des soins palliatifs, nous sommes tous et toutes – ma mère et son entourage – ramenés à l'essentiel, loin du brouhaha de la vie ordinaire : à ce qui doit encore se dire, se régler, s'échanger au seuil de la mort pour que ma mère puisse accomplir cette ultime mise au monde ; ce « *travail du trépas* », comme l'appelle le psychanalyste Michel de M'Uzan. Afin de partir en paix, autant que faire se peut.

Dans cet indicible propre à toute fin de vie – si difficile à communiquer, sans en trahir l'essence et la puissance – il y eut des larmes, mais aussi des rires. Des échanges fondateurs. Des mots, des gestes, des regards, des silences, d'une intense beauté, d'une profonde justesse. D'une étonnante sérénité, au creux pourtant des interrogations bouleversantes que suscite l'inconnue de la mort. Alors même qu'elle désertait son corps, la vie bouillonnait sur d'autres plans, en elle et tout autour d'elle. Dans une sorte d'absolu. Nous étions dans cet état d'être qui *« situe l'Homme au-delà de ce qu'on appelle la vie et de ce qu'on appelle la mort… L'Homme peut alors vivre un moment de clarté et, au cœur du non-sens existentiel, il trouve le* sens essentiel », comme l'écrit K.G. Dürckheim[1]. Le sens était bien là, à portée de nos cœurs.

Mystérieuses traversées

Durant les quelques semaines qui séparent son entrée en soins palliatifs et son décès, ma mère traversera

1. Karlfried Graf Dürckheim, *Le Centre de l'être*, Paris, Albin Michel, 1992, p. 85.

plusieurs territoires (physiques, émotionnels, psychiques, relationnels, spirituels), ponctués d'étapes significatives, parfois troublantes.

Ainsi, craignant sans doute que nous ne soyons pas prêts à l'entendre évoquer la mort qu'elle sentait proche et dont elle ressentait le besoin de parler, elle s'est adressée à nous à demi-mot, dans un langage symbolique : *« Je vais bientôt partir en vacances au bord de la mer. Il est temps que je prépare mes bagages… »* L'étonnant, c'est qu'à cet instant elle ne semble pas le moins du monde confuse, mais au contraire étrangement lucide. Elle a laissé ça « maturer » en nous et, de plus en plus fébrile, dès qu'elle a senti une ouverture dans notre comportement d'accompagnants, elle a posé clairement la question qui la taraudait : *« Je vais mourir, n'est-ce pas ? »* Pour sa sœur, présente sur le moment, c'est insupportable ; elle lui rétorque que non, elle est là *« en convalescence »*. Ma mère me regarde alors droit dans les yeux, avec un regard tranchant d'adulte à adulte que je ne lui connais pas, et me repose la question. Conscientisée par la lecture de *La Mort intime*, je l'écoute… Je lui demande quels sont ses besoins face à cette échéance qu'elle semble sentir venir. Instantanément, ma mère se calme et demande à voir plusieurs personnes clés de son parcours de vie, avec qui elle aura un temps de partage précieux. Après ce dernier échange, elle s'éteint lentement, semblant sereine. À ce stade avancé du processus douloureux de la maladie, la morphine aidant, elle entre peu à peu dans un semi-coma. Nous avons continué à lui parler et lui faire sentir que nous étions en paix avec le fait qu'elle parte, quittant régulièrement la chambre pour la laisser « souffler ». Un vendredi, juste avant son anniversaire, alors qu'elle est inconsciente depuis des jours et au cœur du processus d'agonie, elle se redresse dans le lit, ouvre les yeux et, transfigurée, avec un visage exprimant une joie profonde, elle s'exclame : *« Ah ! la lumière ! »* L'instant d'après, elle était morte…

Le travail intérieur induit par le processus de la fin de vie a continué à germer en nous, ses enfants et ses proches, par-delà la mort. Personnellement, cet accompagnement m'a conduit à une transformation de vie radicale : j'ai accompli un rêve en déménageant sous d'autres cieux et en métamorphosant mon travail de journaliste, consacré depuis à l'écologie humaine et à la question du sens.

Or, si chaque mort est unique, rendant périlleuse toute tentative de généraliser le propos, ces différentes expériences (visions au moment du trépas, utilisation d'un langage symbolique, besoin de parler de la mort et de se relier avant de se quitter…) parmi d'autres semblent êtres vécues, pour tout ou partie, par un grand nombre de personnes en fin de vie, comme le relatent leurs proches et le personnel soignant (les mourants, eux-mêmes, n'étant plus là pour en témoigner…).

Ces expériences, pour certaines mystérieuses, inexpliquées, voire extraordinaires, qui jalonnent l'approche de la mort – lorsque celle-ci, précisons-le, vient petit à petit en raison d'une maladie ou du grand âge – sont encore largement méconnues du public, et jusqu'au sein même du personnel médical, contrairement aux phénomènes propres aux EMI (expériences de mort imminente), bénéficiant depuis des années d'une recherche et d'une littérature abondantes. Bien qu'ils s'avèrent de nature similaire, ces phénomènes peuvent varier dans leur expression, comme nous le verrons au cours de cet ouvrage, qui se consacrera à présenter ces expériences qui sortent de l'ordinaire sur ce chemin de la fin de vie. Dans ce processus propre à la mort, quand elle vient lentement, graduellement. Rappelons que ce type de mort, par suite d'une maladie (cancer en tête), représente près de 70 % des causes de décès, selon l'INSEE[1].

Le corps décline, la conscience croît

Tandis que notre société a tendance à considérer la fin de vie sous l'angle amoindrissement, il semble donc qu'elle puisse être *a contrario* un épisode potentiel d'intense et d'ultime croissance. Alors même que le corps se délite, on constate que la conscience croît. Les perceptions s'affinent, l'intuition s'aiguise. Durant ces épisodes dits de « conscience accrue », les personnes en fin de vie peuvent avoir des visions : de paysages grandioses notamment, mais surtout de proches décédés, venus les « chercher », confient-elles, quand elles ont encore les mots pour le dire. Elles peuvent aussi avoir l'intuition, ainsi qu'une certaine marge de manœuvre, en ce qui concerne l'heure de leur mort. Sans oublier le ressenti impérieux de mettre leurs liens et leur existence en ordre, afin de quitter ce monde en paix. Famille ou accompagnants sont, eux aussi, parfois « acteurs » de ces

1. Chiffres de 2009.

expériences au seuil de la mort, en vivant mystérieusement en écho le départ du défunt… Au cours de ces *« expériences de mort partagée »*, comme les appelle Raymond Moody, connu surtout pour ses travaux sur les expériences de mort imminente, ceux qui ont accompagné un proche ou un patient dans la proximité de la mort expérimentent d'étranges synchronicités ou de subtils ressentis au moment du décès (sensations de sortie hors du corps, souffle…). Tandis que, par-delà la mort, de nombreux vivants disent connaître des vécus subjectifs de contact avec des défunts (VSCD) ; soit l'impression d'avoir un contact direct avec un proche décédé.

Si l'entourage – les proches et les soignants – n'a pas connaissance de ces phénomènes « extra-ordinaires », ceux-ci peuvent être incompris, manqués ou occultés, car mis alors exclusivement sur le dos de la confusion entourant la mort.

L'ignorance est grandement à l'origine de nos peurs. En allant à la rencontre des différents intervenants – médecins, psychologues, accompagnants et spécialistes de la fin de vie – qui viendront nourrir ce livre de leurs expériences, tous confirmeront qu'il reste un important travail d'information à faire sur la mort, et plus spécifiquement sur la fin de vie et le processus de mourir. À travers des témoignages, avis d'experts et autres visions de l'approche de la mort, bouddhiste entre autres, nous explorerons les derniers instants de la vie, là où elle se termine.

Ouvrir les yeux sur ces expériences propres au processus de fin de vie et s'intéresser aux questions que cela soulève peut nous aider à mieux affronter notre angoisse de la mort, à accompagner avec justesse ceux qui vont mourir… et, au-delà de ça, à vivre pleinement notre vie, en conscience. Car, comme ironisait finement Coluche : « *Si c'était possible, j'aimerais mieux mourir de mon vivant…* »

Porter un autre regard sur la mort et les expériences qui jalonnent nos derniers instants, c'est avant tout porter un autre regard sur la vie. Fécond et transformateur. Entamons donc notre voyage au pays de la mort, ou plutôt à ses frontières, lors des dernières heures…

Qu'est-ce que mourir ?

Tâchons d'entrer dans la mort
les yeux ouverts.

Marguerite YOURCENAR

En voilà une question ?! Qu'est-ce que mourir ? La réponse est d'une grande complexité. La mort, en elle-même, demeure abstraite et mystérieuse : *« Cela reste un moment inédit »*, tient à souligner Tanguy Châtel, accompagnant bénévole en soins palliatifs et sociologue, qui nous éclairera de son expérience au fil de cet ouvrage. Il n'existe donc pas de définition incontestable de la mort et elle reste un phénomène difficile à cerner. Par essence, la mort est au pluriel : elle recouvre des réalités biologiques, philosophiques, métaphysiques, administratives même.

Dans de nombreuses cultures, dont la nôtre jusqu'à récemment, elle est avant tout un *« malheur privé »*, comme le dit Vladimir Jankélévitch[1]. Un événement sociologique qui dépossède la communauté d'un des siens. L'instauration de rites et de croyances religieuses vient aider à surmonter ce drame, aboutissement inéluctable pour tout un chacun.

Mais au milieu du XXe siècle, le développement de la médecine va venir bouleverser le rapport de l'homme à la mort et à sa mort, en introduisant la nouveauté

---

1. Vladimir Jankélévitch, *La Mort*, Paris, Flammarion, 2008.

d'une définition médicale et juridique à la mort ; donc une mise à distance qui décentre l'homme de ce phénomène, faisant pourtant intrinsèquement partie de la vie et du cycle naturel. *« Au cours du XXe siècle, la mort est exclue du monde des vivants et se réfugie à l'hôpital*[1] », constate le Dr Élisabeth Lepresle. L'aspect organique de la mort prend le dessus. La Société de Thanatologie de langue française, créée en 1966, affirme ainsi en tête de son premier manifeste : « *La mort est la certitude suprême de la biologie... La mort en elle-même a un caractère intemporel et métaphysique, mais elle laisse toujours un cadavre bien actuel et réel.* »

Pourtant, même au niveau biologique, les frontières s'avèrent floues et fluctuantes, en fonction des évolutions scientifiques, comme nous allons le voir. Dans la foulée, les limites de la mort sont toujours repoussées.

Un processus, non un instant T

Avant toute chose, il est important de souligner que la mort n'est pas un moment, un instant T, mais un processus qui se prolonge dans le temps : s'emparant d'abord des centres vitaux (mort fonctionnelle), elle se propage à tous les tissus (mort tissulaire), avec de nombreux stades intermédiaires (mort apparente, mort relative, mort absolue...) ; la durée du phénomène pouvant être sensiblement accrue par l'intervention de la réanimation. La mort n'existe donc pas en tant qu'état soudain et instantané : on n'est pas vivant à un instant,

1. Ouvrage collectif, *Le Grand Livre de la Mort à l'usage des vivants*, Paris, Albin Michel, 2007.

mort à l'autre. On a plutôt affaire à un « processus du mourir », complexe, jalonné d'étapes qui font que l'on est de plus en plus mort. Ce qui nous renvoie à la définition de Marie François Xavier Bichat, célèbre médecin biologiste et physiologiste : *« La vie, c'est l'ensemble des fonctions qui résistent à la mort.* » Il est donc acquis que les cellules du corps humain vivent (plus ou moins) longtemps ensemble avant de mourir séparément.

Cette entrée progressive dans la mort, découverte de la science moderne, était déjà un processus bien connu de la tradition tibétaine, qui l'a consigné avec force détails dans le *Bardo-Thödol*, connu en français sous le nom de *Livre tibétain des morts* ; processus qui commence avant la mort elle-même, suivi de plusieurs « dissolutions » successives. Réparties essentiellement en deux phases, comme l'explique Sogyal Rinpoché, qui a contribué à concilier l'ancienne sagesse tibétaine et la recherche contemporaine sur la mort : « *Une dissolution externe des sens et des éléments (terre/eau/feu/air), et une dissolution interne des états de pensée et des émotions, à leurs niveaux grossier et subtil*[1]. » Il s'agit d'un processus complexe, où corps et esprit sont interdépendants. En conséquence, chaque étape de la dissolution a des répercussions physiques et psychologiques sur la personne mourante et se manifeste tant par des signes extérieurs et physiques que par des expériences intérieures (ce qui nous renvoie aux phénomènes de conscience accrue à l'approche de la mort). Si, en Occident, on consi-

1. Sogyal Rinpoché, *Le Livre tibétain de la Vie et de la Mort*, Paris, La Table Ronde, 1993, p. 325.

dère communément que le processus s'arrête lorsque la personne est déclarée morte, il en est autrement dans les enseignements tibétains. *« Dans le* Livre tibétain des morts, *il y a d'autres phénomènes intrapsychiques qui continuent et qui marquent la fin de vie, notamment la réunion au niveau du cœur des essences subtiles, masculines et féminines. Selon les Tibétains, c'est à ce stade que survient le début des expériences de mort imminente, au moment où la conscience commence à se désengager du corps »*, explique le psychiatre Christophe Fauré, familier de ces enseignements[1]. Un moment de « plein accomplissement », qui culmine quand l'aube de la Luminosité fondamentale, véritable nature de l'esprit, se lève, *« tel un ciel immaculé, dégagé de tout nuage, brouillard ou brume*[2] » Il s'agit de l'esprit subtil le plus profond, considéré comme source véritable de toute conscience.

Ceux et celles qui ont vécu une expérience de mort imminente (EMI) ont parcouru les premières étapes de ce processus, aux confins de la mort, mais jamais les dernières, irréversibles… sinon, ils ne seraient plus là pour témoigner !

La mort selon un réanimateur

Mais qu'est-ce que la mort, plus précisément au plan médical, qui prévaut dans notre monde occidental ? Le Dr Jean-Jacques Charbonier est médecin anesthésiste-réanimateur, auteur de plusieurs livres sur les états de

1. INREES, magazine *Inexploré* n° 14, avril-juin 2012, p. 60.
2. Sogyal Rinpoché, *Le Livre tibétain de la Vie et de la Mort*, *op. cit.*, p. 335.

conscience modifiée et les expériences de mort imminente. Pour lui, la définition de la mort correspond aux possibilités actuelles de réanimation. « *Elle est donc aléatoire en fonction de nos connaissances*, précise-t-il. *Il est clair qu'au XVIe siècle la définition de la mort était fort différente d'aujourd'hui : elle désignait quelqu'un qui ne bougeait plus lorsqu'on le stimulait douloureusement. On considérait alors qu'il était décédé. Puis, le critère a été l'arrêt respiratoire : on mettait un petit miroir devant la bouche et le nez, et s'il n'y avait pas de buée, la personne était déclarée morte.* » Paramètres légers s'il en est, qui ont entraîné dans leur sillage l'effroi d'être malencontreusement enterré vivant. « (À cette époque) *des cris sortis des tombeaux sont entendus dans les cimetières*[1] », confie Élisabeth Lepresle. Les signes positifs de mort sont (re)connus de tous : refroidissement, rigidité cadavérique, déshydratation, lividité, putréfaction.

Les choses ont ensuite évolué : « *Il n'y a pas très longtemps*, poursuit Jean-Jacques Charbonier, *à peine quelques décennies, c'était l'arrêt cardiaque qui déterminait la mort. On prenait le pouls. Quand le cœur s'arrêtait, on ne réanimait pas ; on ne pratiquait pas de massage cardiaque et il n'y avait pas de défibrillateur.* »

Le développement de la réanimation, à mi-chemin du XXe siècle, remet en cause cette définition de la mort basée sur l'arrêt du cœur et de la circulation. Puisque à partir de là il est possible de ramener à la vie des personnes dont le cœur s'est arrêté, il est nécessaire d'établir

1. Ouvrage collectif, *Le Grand Livre de la Mort à l'usage des vivants*, *op. cit.*, p. 25.

de nouveaux critères tangibles de mort. « *Aujourd'hui, en réanimation, on dit de quelqu'un qu'il est mort, lorsqu'il y a un arrêt du fonctionnement cérébral (mort clinique) ; c'est-à-dire lorsque son électroencéphalogramme (EEG) est plat. Mais cette définition de la mort n'est pas irréversible ; on peut réanimer des gens, même avec un EEG plat. Actuellement, on peut dire que toutes les personnes qui ont connu un arrêt cardiaque, et que l'on a réussi à réanimer, sont bien revenues de la mort, de la mort clinique. En effet, on a pu mesurer que dans les quinze secondes qui suivaient l'arrêt cardiaque, le cerveau s'arrêtait de fonctionner. Or, dans des conditions optimales de surveillance (en soins intensifs, en service de réanimation), il y a une période incompressible d'environ deux minutes pour porter les premiers secours à une victime d'un arrêt cardiaque. Donc la période de quinze secondes est largement dépassée... et que dire de toutes les personnes isolées à la campagne dont le cœur est reparti au bout de plusieurs dizaines de minutes après l'intervention du SAMU le plus proche !* »

Mais quelle est alors la définition de la mort absolue, irréversible ; celle dont on ne revient pas ? « *En réanimation aussi, cela correspond à des critères bien précis,* indique Jean-Jacques Charbonier[1] : *il faut deux électroencéphalogrammes plats à quatre heures d'intervalle, pendant au moins vingt minutes – en dehors des conditions de narcose (produits administrés par dispositif intraveineux pour faire dormir) ou d'hypothermie, c'est-à-dire de refroidissement. On considère alors que la mort clinique est définitive ; c'est-à-dire qu'on ne peut plus revenir de ces états-là. En tout cas, actuellement, on ne sait pas y remédier sur le plan médical. On peut alors*

1. Entretien avec l'auteur.

débrancher un respirateur, déclarer le décès, ou alors continuer une réanimation pour faire un prélèvement d'organe (maintien en survie artificielle pour prélever un organe). La définition réelle de la mort, définitive, c'est donc la mort cérébrale. Parce qu'on ne sait pas réanimer des cerveaux. Pour l'instant... Je pense qu'un jour cette définition, dépendante de nos possibilités de réanimation, sera dépassée. Peut-être arrivera-t-on à l'avenir à réanimer ou à greffer des cerveaux ?... Et là, notre définition de la mort en sera profondément bouleversée ! »

Et ça repart !

Cette possible réanimation ou greffe cérébrale est-elle de la pure science-fiction ou est-ce une voie d'exploration scientifique tangible ? Le Dr Jean-Jacques Charbonier relève qu'il existe des pistes de recherche : *« On commence en effet à réaliser des jonctions neuronales. Cela concerne plus précisément les paralysés et blessés de la moelle. On arrive maintenant à reconstituer des circuits axoniques (continuité du neurone) ; normalement, quand un nerf est coupé, toute la partie en aval est morte (d'où paraplégie, tétraplégie...). Or, des études* in vitro *montrent qu'il y a une possibilité de repousse axonale. On pourrait alors à terme réimplanter du tissu nerveux dans les parties détruites. C'est un espoir, mais qui en est encore au stade de la recherche. »*

Dans cette course scientifique et technologique qui oppose l'homme à la mort – angoisse suprême du genre humain s'il en est –, les limites sont sans cesse repoussées. Ainsi, une équipe de chercheurs dirigée par Shahragim Tajbakhsh et Fabrice Chrétien, œuvrant au sein de l'Institut

Pasteur, vient-elle de découvrir l'existence d'un réservoir de cellules souches toujours bien vivantes, présentes au sein de tissus musculaires de cadavres humains dont le cœur ne battait plus depuis dix-sept jours (quand on vous disait que c'était un processus, long et lent, de mourir !). Pour faire simple, il semblerait qu'elles entrent dans une sorte d'hibernation. On pourrait donc prélever ces cellules souches sur un cadavre avant de les greffer dans un corps humain, qui pourrait à son tour devenir, une fois mort, un réservoir de cellules souches, et ainsi de suite *ad vitam aeternam*… L'équipe de l'Institut Pasteur est d'ores et déjà parvenue à greffer les descendantes des cellules survivantes et à obtenir leur différenciation en cellules musculaires d'une parfaite vitalité. Ceci à partir de cellules souches obtenues chez des souris mortes depuis quatorze jours.

La perspective donne le vertige et ouvre la voie à cette éternelle quête d'immortalité. De quoi en tout cas soulever de nombreuses questions éthiques et métaphysiques… Bien avant ces récentes découvertes, dans les années 1970, Jean Hamburger, médecin et essayiste français, s'interrogeait déjà à ce propos : *« Le but à atteindre, préserver la vie et s'opposer à la mort, ne laissait guère jusqu'à présent de place à l'équivoque, parce que la définition de la mort était simple. Et voici que la mort n'apparaît plus comme un événement unique, instantané, intéressant toutes les fonctions vitales à la fois. Ces mêmes moyens d'action qui sauvent chaque jour des milliers de malades ont pour conséquence inattendue de changer la forme de la mort : elle s'étale dans le temps, se démembre, frappe séparément et successivement les diverses parties du corps. Devrons-nous attendre que l'ultime portion de tissu soit irrémédiablement atteinte pour dire que l'organisme a cessé de vivre ?… Question théorique il y a vingt ans* (dans les années 1950, ndlr)*, mais devenue réelle puisque des centaines de malades sont aujourd'hui en survie artificielle, le cerveau déjà détruit alors que le cœur continue de battre et que des milliards de cellules gardent une activité intacte. L'organisme humain ne cesse-t-il d'être un organisme humain qu'à l'heure où la totalité de ses cellules sont mortes ? Pourquoi nous battons-nous, pour la vie cellulaire ou pour une certaine agglomération minimale de cellules qui fait l'individu ? Et dans cette dernière hypothèse, comment définir ce minimum nécessaire pour qu'on ait encore le droit de dire que l'homme est vivant ?* » La question, éminemment d'actualité, est lancée…

Dans ce contexte, quid de la mort de la *personne* humaine ? On le voit, aujourd'hui c'est le corps médical qui fixe le jour, l'heure et le cadre de la mort d'un corps biologique qui a bien souvent terminé sa vie « dissimulé », à l'abri des regards de la société et même souvent des proches, dans des structures hospitalières, loin du domicile. « *On ne constate pas la mort métaphysique d'un semblable, on décide que ce semblable est mort. Seuls les phénomènes physiques peuvent être constatés*[1]. » Mais le monopole médical de la mort, venu supplanter l'aspect religieux, traditionnel, communautaire, n'évacue pas la question du sens… ni nos interrogations et nos angoisses, légitimes, face à la fin de vie, face à la mort. « *L'homme est un animal métaphysique ; c'est pourquoi la mort, toujours, est son problème. Il s'agit non de la*

1. Ouvrage collectif, *Le Grand Livre de la Mort à l'usage des vivants*, *op. cit.*, p. 24.

résoudre, mais de l'affronter[1] », nous met au défi le philosophe André Comte-Sponville…

Qu'advient-il de la conscience ?

Nous avons évoqué la mort biologique du corps, mais qu'en est-il de la conscience ? S'arrête-t-elle avec l'arrêt des fonctions cérébrales ? Survit-elle dans une autre dimension, comme le suggèrent diverses traditions spirituelles ? Les questions soulevées sont vertigineuses et ne trouvent pas, pour l'instant, de réponse définitive. Il n'empêche que des brèches s'ouvrent dans les certitudes de la science matérialiste, mises à mal par les témoignages concordants d'expériences de mort imminente et de phénomènes de conscience accrue à l'approche de la mort.

Selon le schéma scientifique communément admis, la conscience serait une émanation du cerveau, une fabrication de nos neurones. « *La plupart des médecins pensent que le cerveau est une sorte de glande qui secrète de la conscience comme le pancréas produit de l'insuline, si bien qu'il leur est totalement impossible de concevoir qu'au moment où cet organe cesse de fonctionner une conscience soit encore possible*[2] », observe le Dr Jean-Jacques Charbonier, auteur de plusieurs ouvrages sur les expériences de mort imminente.

Le processus de mourir impliquerait donc une extinction progressive de la conscience, jusqu'à l'extinction

1. André Comte-Sponville, *Présentations de la philosophie*, Paris, Le Livre de Poche, 2002.
2. Lire notamment du Dr Jean-Jacques Charbonier, *Les 7 bonnes raisons de croire à l'au-delà*, Paris, Guy Trédaniel, 2012.

finale marquée par l'arrêt du fonctionnement cérébral ; c'est-à-dire la mort clinique. Dès lors, tout ce qui survient durant ce processus, et jusqu'à la mort définitive, a tendance à être qualifié d'hallucinations ou de délire accompagnant la régression des fonctions cérébrales.

Pourtant, comme nous le verrons plus loin, dans la partie consacrée aux mystères de la fin de vie et aux phénomènes de conscience accrue à l'approche de la mort, de nombreux témoignages troublants ne cadrent pas avec l'hypothèse d'hallucinations incohérentes liées à la dégénérescence de la conscience.

Si l'on évoque le devenir possible de la conscience après la mort, il nous faut aborder les expériences de mort imminente (EMI). Que dire donc des milliers de récits de ces personnes en état de mort clinique, en hypothermie sévère (provoquant une dépression du mécanisme cérébral, voire l'arrêt des fonctions du cerveau) ou en coma végétatif, qui affirment, une fois réveillées, avoir perçu très clairement leur environnement, les conversations et les événements qui se sont produits alors que leur corps était « hors service » sur le plan physiologique ? Le Dr Jean-Jacques Charbonier pose une question (im)pertinente : *« Comment en période d'arrêt cardiaque un cerveau aussi déficitaire serait-il en mesure de produire un état de conscience plus performant que lorsqu'il se trouve dans les situations habituelles de bon fonctionnement : possibilité de déplacement dans le temps et l'espace, traversée de murs, télépathie, etc. ? ! »*

Dans *La mort n'est pas une terre étrangère*, Stéphane Allix a mené une vaste enquête auprès de médecins, chercheurs, médiums, lamas tibétains et chamanes sur les connaissances actuelles autour de la mort. Il s'interroge sur plusieurs hypothèses légitimes : « *Les EMI constituent-elles une partie du processus du décès ? Doit-on replacer le moment de la mort au-delà de ce que nos instruments sont en mesure de détecter aujourd'hui ? Ou se peut-il que ces expériences soient le début d'un processus de transformation et que cette partie de nous qui nous perçoit, qui regarde, qui voit, continue son existence même après que le corps a définitivement cessé de fonctionner*[1] ? »

La difficulté pour la science à concevoir ces phénomènes vient du fait qu'à travers ces EMI s'expriment des aspects objectifs, concordants entre les témoignages (perceptions décrites minutieusement), mais qui naissent d'expériences subjectives, personnelles, qu'on ne peut ni mesurer ni dupliquer. Or, la science actuelle ne croit que ce qu'elle peut objectivement appréhender.

Le Dr Jean-Pierre Jourdan, auteur d'un ouvrage remarquable présentant vingt ans de recherche sur les EMI – qui se base sur soixante-dix témoignages et leurs similitudes, fait remarquer que : « *C'est l'accumulation et la cohérence de ces témoignages qui procurent aux EMI un début d'objectivité.* » Il poursuit : « *Les EMI sont une apparente incongruité pour la science matérialiste. Elles sont indéniables, mais semblent impliquer, nous en avons plusieurs exemples, qu'une conscience lucide puisse persister indépendamment d'états physiologiques cérébraux extrêmement variés allant de la normale jusqu'à l'inactivité totale (...) Si la conscience peut persister alors que son supposé support est hors d'état de marche, cela implique qu'elle puisse exister par elle-même*[2]. »

1. Stéphane Allix, *La mort n'est pas une terre étrangère*, Paris, Albin Michel, 2011, p. 81-82.
2. Dr Jean-Pierre Jourdan, *Deadline, EMI : une énigme pour le science*, Paris, Les 3 Orangers, 2007, p. 19 et 250.

Le Dr Pim van Lommel, cardiologue de renommée mondiale, est l'auteur de la plus importante étude scientifique réalisée sur les EMI, et publiée dans la prestigieuse revue médicale *The Lancet*, en 2004. Il est également l'auteur d'un ouvrage magistral sur le sujet des EMI[1]. Sa position est claire : « *Pour moi, la mort signifie la fin de l'aspect physique de ce que nous sommes. Tandis qu'il y a une continuation de l'essence de "qui" nous sommes ; c'est-à-dire une continuation de la conscience. La mort, comme la naissance, est juste un changement d'état de conscience.* » D'après ses recherches, ce sont près de 50 % des personnes en Europe qui pensent que quelque chose continue au-delà de la mort[2]. Il explique : « *En me fondant sur les études prospectives des expériences de mort imminente, sur des résultats récents de recherches en neurophysiologie et sur les concepts de la physique quantique, je suis arrivé à l'intime conviction que la conscience ne peut pas être située dans un lieu ou un temps particulier. Elle est ce qu'on appelle non localisée. La conscience totale et infinie se trouve partout, dans une dimension qui n'est liée ni à un temps ni à un lieu, où le passé, le présent et le futur existent et sont accessibles au même instant. Cette conscience infinie est toujours en nous et tout autour de nous. Les expériences de mort imminente ont donné naissance au concept d'une conscience non locale et infinie, concept qui nous permet de comprendre une large gamme d'états de conscience particuliers, notam-*

1. Dr Pim van Lommel, *Mort ou pas ? Les dernières découvertes médicales sur les EMI*, Paris, INREES/InterEditions, 2012.
2. Un chiffre qui tombe à 7 % au sein de la communauté scientifique, plus spécifiquement les membres de l'American Society of Science.

ment les visions des mourants, les expériences perimortem *et* postmortem *(communication non locale), les intuitions et prémonitions (échanges non locaux d'informations), la vision à distance (perception non locale), etc. Enfin, on ne peut échapper à la conclusion que la conscience infinie a toujours été et sera toujours, indépendamment des corps. Notre conscience n'a pas de début et n'aura jamais de fin. C'est pourquoi nous devrions sérieusement considérer la possibilité que la mort, comme la naissance, ne soit qu'un simple passage d'un état de conscience vers un autre, et que notre corps fonctionne pendant notre vie comme une interface ou une caisse de résonance. »*

Cela nous renvoie aux traditions spirituelles pour qui la conscience, ou l'âme, n'est pas anéantie, mais transformée au moment de la mort. Elle poursuit donc le voyage. On a alors un concept de conscience non arrêtée. Une pure conscience, pourrait-on dire. Ainsi, selon la philosophie bouddhiste, le continuum de conscience est-il, comme le suggère le Dr Pim van Lommel, sans début ni fin. *« Pour le bouddhisme, la notion de continuum de conscience ne relève pas du dogme, mais correspond à une expérience vécue et à un raisonnement logique qui peut être contesté, voire réfuté. Il a d'ailleurs longuement été débattu au sein même du bouddhisme. Ainsi s'est élaborée l'idée d'un continuum constitué d'états de conscience qui précèdent l'existence présente et les existences qui suivront. L'association du corps et de ce continuum de conscience n'en serait qu'un épisode*[1] », éclaire le

1. Interview sur Radio Canada, 2010.

moine bouddhiste Matthieu Ricard, docteur en génétique cellulaire.

« *Et si plutôt qu'un rêve, la mort était un réveil*[1] ? », s'interroge Stéphane Allix… Même si, bien sûr, nous n'avons pas de certitudes sur ce sujet délicat, comme le disait Francisco Varela, grand spécialiste des neurosciences aujourd'hui disparu : « *Gardons une attitude ouverte à l'égard de tout cela.* »

1. Stéphane Allix, *La mort n'est pas une terre étrangère, op. cit.*, p. 87.

Mourir en conscience

La mort en face

« Comment mourir ? Nous vivons dans un monde que la question effraie et qui s'en détourne. Des civilisations, avant nous, regardaient la mort en face. Elles dessinaient pour la communauté et pour chacun le chemin du passage. Elles donnaient à l'achèvement de la destinée sa richesse et son sens. Jamais peut-être le rapport à la mort n'a été aussi pauvre qu'en ces temps de sécheresse spirituelle où les hommes, pressés d'exister, paraissent éluder le mystère. Ils ignorent qu'ils tarissent ainsi le goût de vivre d'une source essentielle », faisait remarquer François Mitterrand, en préface au livre de Marie de Hennezel, *La Mort intime*[1]. En quelques lignes, il esquisse là l'enjeu de la fin de vie ; devenu un vrai défi personnel et sociétal dans notre époque en proie au tabou, voire au déni de la mort.

Les structures hospitalières, où meurent aujourd'hui sept personnes sur dix, sont remplies, aux dires des soignants et accompagnants, de personnes en fin de vie qui regrettent d'avoir survolé leur existence, bille en tête,

1. Marie de Hennezel, *La Mort intime,* Paris, *op. cit.*, p. 9.

pour tenter d'oublier l'échéance inéluctable de la mort, passant ainsi à côté de leur essentiel…

Les progrès de la science, cherchant à éloigner toujours davantage le spectre de la Grande Faucheuse, et l'hypermédicalisation de la fin de vie, ont refoulé la mort, autrefois intégrée à la vie de la communauté, aux marges de la société. Faisant *naturellement* partie de la vie et de ses cycles, la mort est ainsi devenue un symbole cuisant d'échec d'une médecine sans cesse plus performante, dans une civilisation tournée vers l'efficience. On la craint, on l'éloigne, on l'élude, on la masque. *« Dorénavant, la mort cesse d'appartenir au monde naturel : c'est une agression venue du dehors »*, souligne l'universitaire Louis-Vincent Thomas, créateur de la thanatologie[1].

Le Dr Jean-Jacques Charbonier, habitué en réanimation à côtoyer les ultimes instants d'une vie humaine, estime qu'il y a un gros travail d'information à fournir sur la mort. Son plaidoyer est sans appel : *« Tout le monde se voile la face,* dit-il. *On ne veut pas voir la mort. Elle nous fait tellement peur, qu'on refuse de la prendre en charge. On en a même peur au sein de l'hôpital ; dans les services de médecine, de chirurgie ! Quand quelqu'un arrive au terme de sa vie, non seulement il ne vit pas sa mort chez lui – il est très rare que quelqu'un me demande, en ultime recours, de reprendre un proche pour qu'il puisse mourir dans son lit – mais souvent il ne la vit même pas dans sa chambre d'hôpital. Le personnel soignant, qui n'est pas spécifiquement formé à cela, supporte mal la fin de vie. Alors, qu'est-ce qu'on fait ? On met les mourants en réanimation, on les endort, on*

1. INREES, magazine *Inexploré* n° 14, avril-juin 2012, p. 30.

les met sous respirateur… et on attend que le cœur s'arrête. Tout ça, parce qu'on a peur de la mort ? ! »

Pourtant, si elle a varié au cours de l'Histoire, notre attitude en Occident face à la mort n'a pas toujours été aussi distante. Ainsi, au Moyen Âge vit-on une mort consciente, de préférence dans *son* lit (la thématique du lit de mort est omniprésente). Le mourant est averti qu'il va mourir et accepte sa mort ; il peut ainsi prendre ses dispositions sur tous les plans, du plus concret au plus subtil. La fin de vie donne lieu à un cérémonial, codifié, en lien avec la tradition religieuse. C'est une véritable préparation spirituelle qui comprend plusieurs étapes : le regret de la vie, la demande de pardon du mal qu'on a fait, la recommandation à Dieu de ceux qui survivent, la prière (pénitence) et l'absolution. Ce protocole est public : le lit du mort est entouré d'une assistance souvent fournie et inclut les enfants. La mort est acceptée paisiblement, sans drame excessif. Elle fait partie de la vie : c'est la mort apprivoisée. Par la suite, les choses évoluent, notamment en raison de l'émergence de l'individualisme qui renvoie la mort à l'échec de l'homme ; elle devient peu à peu une ennemie. À partir du XVe-XVIe siècle, elle exerce pourtant une certaine fascination ; Éros et Thanatos se rejoignent… pour mieux sublimer la mort. Une sorte de culte romantique qui va crescendo jusqu'au XIXe siècle. Une fois érotisée, la mort acquiert le statut d'un objet « hors la vie ». Si on la fantasme, on la rejette dans la réalité. Le XXe siècle bouleverse profondément la donne : la mort devient un tabou. Dès la seconde moitié du XIXe siècle, se pose la question de savoir s'il est bien nécessaire de révéler au malade la gravité de son état de santé, pour l'épargner, mais aussi pour épargner l'entourage. La mort ne doit pas s'immiscer dans la vie ! Elle est ensauvagée[1].

Dès lors, l'acte de mourir ne relève plus du communautaire, ni du privé : il appartient au monde médical. Déni et médicalisation contribuent au fait que l'on meurt de plus en plus fréquemment seul, dans l'univers aseptisé de l'hôpital, sans avoir la plupart du temps confié ses dernières volontés à ses proches. Des proches qui s'avèrent eux-mêmes souvent absents des ultimes instants, parce qu'ils ne sont pas préparés ou trop effrayés par la fin de vie. Ce refus de la mort concourt à la perte de sens actuelle. Sans avoir conscience de la mort, quel poids, quelle teneur donner en effet à la vie ?

Si le grain ne meurt

Pourtant, la mort est intrinsèquement liée à la vie. Respiration, saisons de l'existence, cycles vitaux : en tant que manifestation du vivant, l'être humain ne peut échapper aux rythmes naturels. D'instant en instant, d'étape en étape, notre existence n'est que traversées, entre petites morts et renaissances. À l'articulation de ces passages, que de portes à fermer, d'autres à ouvrir ! La vie est donc un cheminement. Chaque étape, jusqu'à la mort, comporte sa crise, son interrogation, son message. Sa semence d'évolution. Il s'agit sans cesse de mourir à soi-même pour renaître. Être ainsi prêt pour une

1. Philippe Ariès, *Essais sur l'histoire de la mort en Occident, du Moyen Âge à nos jours*, Paris, Éditions du Seuil, 1977.

fécondation nouvelle… Et trouver le *sens* – au propre et au figuré, de sa vie dans le labyrinthe de l'incarnation.

Mais notre monde moderne – coupé de la nature et de ses cycles, marqué par un rejet des âges de la vie, par un refus de la mort et un appauvrissement des rites qui « huilaient » les moments charnières – brouille nos traversées et nous fige dans notre évolution. Or, nous sommes des êtres de progression. « *Soyons passants* », conseille le théologien et prêtre orthodoxe Jean-Yves Leloup : *passer* et aller de l'avant est intrinsèque à notre essence, depuis ce premier passage qui a vu notre venue au monde, jusqu'à notre dernier souffle, le plus mystérieux de nos passages qui soulève tant de questions irrésolues. « *De quel papillon cette vie terrestre est-elle donc la chenille ?* », s'interroge Victor Hugo…

La conscience de notre mortalité est au fondement même de la condition humaine. *« Réapprivoiser la mort »* est donc essentiel, comme le suggère Patrice van Eersel dans son livre éponyme[1]. *« Considérer que la mort ne s'oppose pas à la vie mais à la naissance, considérer la mort comme un passage, cela met la vie dans un mouvement perpétuel au lieu de la bloquer*[2] *»*, partage-t-il. Dans cet ouvrage, il esquisse un nouvel art de mourir, qui s'invente de nos jours dans les services de soins palliatifs, et rend ainsi hommage au travail de Cicely Saunders et Elisabeth Kübler-Ross. Conscientes du manque d'accompagnement humain au cœur de l'empire technologique des hôpitaux, ces deux infirmières ont participé au développement des

1. Patrice van Eersel, *Réapprivoiser la mort. Avènement des soins palliatifs et recherches sur les derniers instants en France, entre 1977 et 2000*, Paris, Le Livre de Poche, 1999.
2. Magazine *Technikart* n° 115, septembre 2007.

soins palliatifs, où le processus de mourir est accompagné avec humanité. Où l'enjeu n'est plus de « guérir », mais de « prendre soin » de celui, de celle, sur le départ. Ces deux pionnières ont dressé une cartographie des cinq phases du mourir, qui s'accordent aussi à tout processus du deuil : le déni, la colère, le marchandage (*« Je voudrais vivre jusqu'à la naissance de ma petite-fille »*), la dépression et l'acceptation. Des phases qui ne sont pas forcément vécues dans cet ordre, ni exhaustivement, selon les personnes. *« Cette acceptation,* poursuit Patrice van Eersel, *est un lâcher-prise, mais qui libère une intensité vitale formidable. L'équation est très claire : c'est parce que nous avons peur de mourir que nous vivons mal et c'est parce que nous avons peur de vivre que nous mourrons mal*[1]. »

Mourir, mode d'emploi ?

Si on parle d'apprivoiser la mort, une autre question cruciale se pose : peut-on s'y préparer ? Dans *Le roi se meurt*, chef-d'œuvre d'Eugène Ionesco, au monarque qui se révolte de ne pas avoir le dernier mot sur la mort, Marguerite, sa première épouse, rétorque : « *C'est ta faute si tu es pris au dépourvu, tu aurais dû t'y préparer. Tu n'as jamais eu le temps. Tu étais condamné, il fallait y penser dès le premier jour, et puis, tous les jours, cinq minutes tous les jours. (...) Puis dix minutes, un quart d'heure, une demi-heure...* » Mais *comment* s'y préparer ? Durant son vivant, certes, mais aussi lors des derniers instants. Est-il possible de transcender la peur de la mort pour mobiliser

1. *Ibid.*

l'énergie, déjà affaiblie, sur le travail intérieur de la fin de vie ? Comment en effet ne pas se perdre en regrets, en révolte, en aigreur, pour se mettre à l'écoute de ce qui est à l'œuvre durant les derniers instants et vivre le plus pleinement, le plus consciemment possible ce fameux processus de mourir, jalonné d'étapes et d'expériences phares, comme nous le verrons plus loin ? Comment ne pas se laisser emprisonner tout entier dans la maladie, trouver des espaces en soi, malgré les souffrances du corps et de l'esprit, pour cheminer ? Bref, existe-t-il un art de (bien) mourir, un « mode d'emploi », si j'ose dire ?…

On le voit, les questions sont nombreuses et sensibles, tant il n'existe pas de réponse absolue. En existe-t-il, d'ailleurs ? La façon d'aborder la mort et la souffrance qui l'entoure est avant tout une affaire personnelle… et, on a beau s'y être préparé, tant que nous ne sommes pas au pied du mur, impossible de savoir comment on va réagir. Claudine Marchant, psychothérapeute (Gestalt), qui accompagne la fin de vie[1] et les personnes âgées à l'hôpital, en maison de retraite et en individuel, témoigne : *« C'est étonnant… Il arrive que j'accompagne des personnes sages, philosophes, qui se sont interrogées de leur vivant ; elles ont fait un important travail à propos du sens de la vie et de la mort. Or, pour certaines d'entre elles, lors des derniers instants, tout bascule ; elles paniquent, elles se mettent en colère, elles entrent dans le déni… D'autres fois, j'ai affaire à des personnes qui n'ont pas fait de cheminement intérieur par rapport à cette question de la vie, de la*

1. Formée à l'accompagnement de fin de vie par Maurice Clermont, Marie de Hennezel, Serge Vidal et le Dr Cathy Blanc.

mort, et qui, elles aussi en dernière minute, changent : elles accèdent à une hauteur de vue, à un apaisement profond. À une sagesse directe. Serait-ce nos masques qui tombent au moment ultime ? Serions-nous toutes ces facettes ? Je n'ai pas la réponse… Vous connaissez sans doute ce clin d'œil, plein d'humour : Pourquoi tant de préparation à la mort, ça réussit toujours ? ! » Ce témoignage sur l'ambivalence et l'inattendu des comportements face à l'approche de la mort sera confirmé par tous les soignants et accompagnants de fin de vie rencontrés pour cet ouvrage. L'exemple le plus connu étant celui d'Elisabeth Kübler-Ross qui, après avoir passé son existence à accompagner de son humanité la fin de vie d'autrui, a terminé la sienne en traversant des zones de colère et de révolte face à son état.

Une chose semble claire : apprivoiser la mort n'est pas la domestiquer. « *Avant* (de faire de l'accompagnement en fin de vie), *je croyais volontiers, dans le sillage de Montaigne, qu'on pouvait, en côtoyant la mort, se familiariser un peu avec elle. Avec un peu de maturité, je réalise que c'est sans doute impossible. Elle demeure toujours quelque part « sauvage », effrayante, immaîtrisable. Si on ne peut pas vraiment apprivoiser la mort, on peut cependant apprendre à être tranquille avec cette impossibilité. Paradoxalement, il peut être plus facile de lâcher prise quand quelque chose est impossible à accomplir que lorsque c'est possible, car on ne subit pas la même injonction à réussir* », confie le sociologue Tanguy Châtel[1].

---

1. Jacques Attali, Stéphanie Bonvicini (entretiens notamment avec Tanguy Châtel), *La Consolation*, Naïve/France Culture, 2012, p. 187-188.

Ars moriendi

Pour répondre à cette difficulté d'appréhender la mort et notre finitude (comme l'a dit le Bouddha : « *On n'a jamais entendu parler de quelqu'un qui ait échappé à la mort* »), il y a eu de tout temps, ici et ailleurs, des tentatives d'éclairer le chemin de la fin de vie. Le passage de la mort. Pour qu'il se vive en conscience. C'est la raison pour laquelle ont été élaborés des « guides pratiques » de *l'art de bien mourir* : Livre des morts des Anciens Égyptiens, *Ars moriendi* chrétien, *Bardo-Thödol* (Livre tibétain des morts)... Ceux-ci ont en commun de mettre en perspective le travail du trépas avec un au-delà possible, de quelque nature que ce soit. Bien qu'appartenant à des traditions différentes, ils demeurent proches par leur essence. Ce qu'ils proposent est un entraînement spirituel. Un cheminement symbolique *et* pratique des ténèbres à la lumière, jalonné d'étapes. Entre épreuves et transformation. Ils initient une prise de conscience de ce qui est à l'œuvre autour de l'agonie, de la mort et de ce qui est censé suivre.

L'*Ars moriendi* chrétien (XVe siècle) a pour toile de fond le spectre macabre des grandes épidémies, encore dans tous les esprits. Méditation sur la mort autant que préparation au passage vers l'autre monde, ce « guide des derniers instants » décrit : comment bien se préparer à sa mort, quel est le sens d'une bonne mort et comment y parvenir. Il est destiné au mourant, mais aussi à ceux qui l'accompagnent. Originalité : cette « mission » d'accompagnement était jusqu'alors l'apanage exclusif du prêtre, mais l'épidémie de peste étant passée par là, elle a décimé les rangs de l'église. Ce *vade-mecum* permet donc à tout un chacun (famille, communauté) d'accompagner utilement celui qui va mourir. L'accompagnant est non seulement à même de comprendre l'épreuve traversée, mais en écho avec le travail intérieur de l'agonisant, il peut aussi prendre conscience de sa condition de mortel. De ce qui l'attendra à son tour quand son heure sera venue… et déceler ce qu'il y a à changer, d'ores et déjà, dans sa vie courante.

Ce guide des mourants reprend peu ou prou les phases du processus du mourir décrites de manière contemporaine par Elisabeth Kübler-Ross : doute, désespoir, attachement (à la vie, aux possessions, aux liens), colère, orgueil (« *Je n'ai besoin de personne pour* bien *mourir* »), abandon (acceptation et paix). Ces phases sont vécues comme des épreuves initiatiques qui viennent tester, confronter, celui qui va mourir. Il devra en quelque sorte passer *à travers* pour transcender l'état de conscience et arriver à une profonde transformation intérieure. Ces écrits distillent un éclairage inédit sur les éléments qui constituent notre destinée humaine. « *Ce que nous dirions être un combat entre le Moi et le Soi – entre le Moi qui s'identifie à son corps, à ses mémoires, et le Soi qui est la présence de ce Souffle intime qui nous emporte au-delà de nous-même – est ici décrit dans le langage symbolique de l'époque comme un combat entre notre ange de lumière et notre ange des ténèbres* », précise Jean-Yves Leloup, coauteur avec Marie de Hennezel d'un ouvrage sur l'art de mourir, entre traditions religieuses et spiritualité humaniste[1].

1. Marie de Hennezel, Jean-Yves Leloup, *L'Art de mourir. Traditions religieuses et spiritualité humaniste face à la mort*, Paris, Pocket, 2000, p. 152.

Le père Patrice Gourrier, prêtre et psychologue, accompagne ceux et celles qui se préparent à mourir pour les aider à franchir ce passage. Il est aidé, dans sa vocation, par le fait d'avoir vécu lui-même une expérience de mort imminente, dont il a rapporté une lumière porteuse d'espérance sur la mort. « *Ce matin-là, après une nuit de souffrance au CHU de Poitiers, un médecin m'annonça sans grand ménagement que "l'issue de la journée allait être fatale" et qu'il me fallait prévenir ma famille. Suite à une intervention chirurgicale bénigne, une septicémie était en train de m'empoisonner. Sa déclaration faite, il me laissa seul avec le vieux monsieur avec qui je partageais ma chambre. Sous le coup de l'émotion celui-ci fondit en larmes, me déclarant qu'il aurait été normal qu'il meure et non pas moi. Je venais d'avoir 40 ans et deux mois plus tard je devais être ordonné prêtre.*

« *J'étais sous le choc, surpris non pas tant par l'annonce elle-même, car je sentais que la vie en moi s'éteignait peu à peu, mais surtout par le fait que deux jours plus tôt j'étais en pleine forme. Un ami arriva, et l'informant de la nouvelle, je lui demandai de m'aider à appeler ma famille ainsi que deux très bons amis afin de pouvoir leur dire « au revoir » tant que j'en avais la force. Ensuite, à ma requête, deux infirmières vinrent faire ma toilette, car je voulais être un « mort présentable ». Puis, fermant les yeux, je me laissai partir… C'est alors que tout commença, et les images demeurent gravées à jamais dans mon esprit. Rêve ou réalité, je me vis couché dans une barque aux rebords bas. Une ombre noire jeta l'amarre et s'éloigna lentement. Je sentis à ce moment-là que je mourais…*

« *La barque s'éloigna de la rive et dériva sur l'eau dans une grande douceur. Tout était calme, une brume légère comme éclairée de l'intérieur flottait à la surface de l'eau. Plus de douleurs, plus de peurs, mais la certitude d'être bien, serein, paisible. Plus la barque avançait, plus la lumière était blanche, baignant mon corps de sa clarté et de son calme. Soudain, un visage se pencha sur moi, et j'entendis une voix me dire : "Vous n'êtes pas mort". C'était l'infirmière de la salle de réanimation qui savait que la veille on m'avait annoncé que j'allais mourir. Une opération de la dernière chance avait été tentée, se soldant par un succès : j'étais vivant ! Même si aujourd'hui encore je garde de graves séquelles. Depuis cette "répétition générale" de mon passage de la vie à la mort et de la mort à la vie, je n'ai plus peur de mourir. Je sais qu'après la lumière m'attend, lumière toujours présente dans mes yeux tout comme un sentiment de paix. Je sais aussi désormais, et de manière vive, que chaque minute est un cadeau, et que le temps est le bien le plus précieux qui nous soit donné. Cette expérience me permet aussi, au cœur de ma vocation de prêtre, d'accompagner ceux et celles qui se préparent à mourir*[1]*…* »

Aujourd'hui, le père Patrice Gourrier attire notre attention sur l'importance d'accompagner sur la longueur le processus de fin de vie : « *Dans la religion catholique, les expressions* extrême-onction *et* derniers sacrements *ont longtemps créé une confusion, renvoyant à un sacrement des morts. Or, en se référant à la pratique ancienne, on s'est rendu compte que l'extrême-onction, ce n'est pas au dernier moment qu'il faut la donner. On l'appelle désormais le sacrement des malades. Quelqu'un qui apprend qu'il est malade, même s'il ne va pas mourir, reçoit ce sacrement, conçu comme une force qu'on lui donne pour vivre la maladie, pour se battre contre elle. Il y a des personnes atteintes de maladies chroniques graves qui reçoivent ce sacre-*

1. INREES, magazine *Inexploré* n° 14, avril-juin 2012.

ment à plusieurs reprises. Très souvent, je vois des choses incroyables ! Ceux qui ne croient pas diront que c'est l'effet placebo ou la méthode Coué, ceux qui croient diront que c'est la force du sacrement. Quoi qu'il en soit, il y a généralement un vrai regain d'énergie. En fait, dans les grandes traditions spirituelles, tout était étudié pour accompagner la fin de vie et le passage de la mort. Mais avec notre peur actuelle de la mort, on a perdu de vue le bon sens. »

Dans la tradition bouddhiste tibétaine, le grand texte de référence d'accompagnement du processus du mourir est le *Bardo-Thödol*, traduit par le *Livre tibétain des morts*. Pour être plus précis, le nom est composé de *bardo* (« état intermédiaire »), *thö* (« entendre ») et *dol* (« libérer »), soit « la libération par l'audition pendant les stades intermédiaires » ; les Tibétains pensant notamment que le défunt est en mesure d'entendre ces conseils et de s'en inspirer.

Le texte a fortement impressionné Carl Gustav Jung, qui a écrit à son propos, dans les années 1930 : *« Les enseignements du* Bardo-Thödol *représentent cependant l'effort intellectuel le plus important en faveur des défunts. Ils sont si détaillés et à tel point adaptés aux métamorphoses que le défunt semble traverser que tout lecteur sérieux se pose la question de savoir si ces vieux sages lamaïques n'ont pas, en fin de compte, jeté un coup d'œil dans la quatrième dimension, en soulevant un voile qui recouvrait de grands mystères de la vie*[1]. »

---

1. C.G. Jung, *Commentaire psychologique du « Bardo-Thödol »* (1935), in *Le Bardo-Thödol, Livre des morts tibétain*, Paris, Jean Maisonneuve, 1987, p. 240.

Il faut préciser que le *Bardo-Thödol* est autant un art de vivre qu'un art de mourir. Contrairement à la conception occidentale qui oppose la vie et la mort, la tradition tibétaine s'appuie sur un continuum de l'existence, qui est une suite d'états de conscience ou champs d'expérience, appelés donc « *bardos* ». Dans le processus existentiel, il y a six *bardos* : le *bardo* de la vie ; celui du rêve ; celui de l'état méditatif ; celui du moment de la mort ; celui où l'esprit peut reconnaître sa propre nature ; enfin, celui du devenir (globalement l'intervalle entre une existence et la suivante).

Le *Bardo-Thödol* est avant tout un art de l'attention aux états de conscience, aux perceptions, aux phénomènes manifestés dans ces mondes « intermédiaires » ; entre la conscience ordinaire, avec ses dualités, et la pure conscience sans dualité. « *Ce n'est pas un guide des morts mais un guide de tous ceux qui veulent dépasser la mort, en métamorphosant son processus en un acte de libération*[1]. »

Lors des derniers instants et du passage de la mort, le rôle de l'accompagnateur, le lama en l'occurrence, est de mettre la personne qui va mourir dans des conditions favorables pour qu'elle puisse s'ouvrir à ce que cette tradition appelle la « claire lumière », nature fondamentale de l'esprit.

Être ainsi familiarisé avec le processus naturel de la mort et ses différentes étapes[2] permet de mieux comprendre et appréhender les expériences étranges et déroutantes que tout un chacun sera appelé à traverser

1. *Bardo-Thödol, Le Livre tibétain des morts,* présenté par Lama Anagarika Govinda, Paris, Albin Michel, 1981, p. 59.
2. Lire à ce sujet : *De vie à trépas*, chapitre 1, « Un processus, non un instant T ».

au moment du trépas. Cela vient exercer notre vigilance. « *Pour le pratiquant, chacune des étapes est comme un signal destiné à lui rappeler ce qui est en train de se passer et quelle pratique il doit faire à ce moment précis*[1]. » L'esprit a ainsi plusieurs occasions de reconnaître sa vraie nature, et d'échapper aux cycles des réincarnations.

La description très précise des états de conscience traversés et de ce qui se passe notamment durant l'agonie, les conseils pratiques qui y sont dispensés et la résonance de ces « états intermédiaires » avec le récit des expériences de mort imminente, ont contribué à la popularité du *Livre tibétain des morts* dans notre monde contemporain, bien au-delà des pratiquants bouddhistes. C'est devenu une référence pour bon nombre d'accompagnants en soins palliatifs.

Au-delà de ces textes fondateurs de l'art de mourir, de nombreux peuples traditionnels, plus proches de la nature et de ses cycles, intègrent spontanément la mort dans la vie. Elle n'est d'ailleurs qu'une étape de la vie. S'ajuster face à la mort permet, selon eux, d'en comprendre le processus et de vivre sa vie pleinement. Au cœur de ces traditions, il est naturel que les défunts interagissent avec le monde ordinaire et la vie de la communauté. Dans la tradition chamanique, par exemple, le monde de la mort et le monde du vivant ne sont pas si éloignés que dans notre civilisation. L'expérience de la mort symbolique est d'ailleurs un moment initiatique important dans la « formation » du chamane. Il est habituel pour un chamane d'aller visiter le pays de la mort

1. Sogyal Rinpoché, *Le Livre tibétain de la Vie et de la Mort*, *op. cit.*, p. 325.

dans son état de conscience chamanique (cela nous renvoie aux « *bardos* », états intermédiaires du bouddhisme). Il en revient avec des enseignements importants pour les personnes qu'il accompagne, notamment dans la maladie et la fin de vie.

Une affaire de chaque instant

Chez certains peuples amérindiens, on porte sa mort sur l'épaule gauche, pour éveiller la conscience, à chaque moment, que l'on est seulement de passage sur cette terre. « *Cette conscience du fait d'être mortel permet de mieux utiliser son temps, de mieux penser, de mieux entretenir la vie et de mieux en jouir* », éclaire le psychanalyste Guy Corneau. Pourtant, au cœur de notre civilisation occidentale moderne, il en est souvent tout autrement... La mort ? Il sera bien assez tôt pour y penser quand elle surviendra, se dit-on. Or, dans une existence passée à fuir l'idée même de la mort, on se retrouve fort dépourvu quand elle se profile à l'horizon.

Une fois qu'elle n'est plus une perspective abstraite, mais une échéance tangible, c'est bien souvent le branle-bas de combat ! Aux dires des soignants et des accompagnants, bien des personnes en fin de vie expriment le regret de ce qui n'a pas été accompli, l'envie de se « racheter » (il arrive que les plus athées se mettent à invoquer Dieu) et de rembobiner le temps pour le vivre autrement...

Il est clair que dans une société qui oppose la mort à la vie, il semble impensable... de penser la mort, de penser *à* la mort. De l'intégrer à son destin pour insuffler à la vie son sens et sa saveur. Selon la tradition bouddhiste, le travail de conscience n'est pas quelque chose que l'on repousse au dernier moment, au moment du trépas. C'est une œuvre de chaque instant. Quand un ermite bouddhiste voit le soir venir, il se demande d'ordinaire : « *Qui, de l'aube ou de ma mort, viendra le premier ?* » Rien de morbide là-dedans, juste la prise de conscience que chaque instant est précieux. « *Il importe d'extraire la quintessence de l'existence. Il ne faut pas laisser le temps s'échapper entre nos doigts comme le sable fin d'un sablier, pour s'apercevoir seulement au dernier moment que la vie entière est passée, comme en un instant. Le processus de maturation spirituelle ne doit pas commencer quelques heures avant la mort. C'est l'affaire de toute une vie* », partage le moine bouddhiste Matthieu Ricard[1]. Une affaire de chaque instant. Face à des Occidentaux, obsédés par la réincarnation et le fait de retrouver leurs vies passées ou d'anticiper leurs vies futures, un sage a dit : « *Vous voulez connaître vos vies passées ? Regardez le moment présent, car le moment présent est le résultat, la conséquence, de vos vies antérieures ; vous voulez connaître vos vies futures ? Regardez le moment présent, car le moment présent est la cause de ce qui viendra après. Travaillez sur l'instant présent.* »

Contrairement donc à ce que l'on pourrait croire, les traditions spirituelles, quelles qu'elles soient, s'intéressent moins, dans le travail du trépas, à un au-delà possible qu'au travail d'une vie. À l'éveil à l'instant présent. C'est

1. Jacques Attali, Stéphanie Bonvicini (entretiens notamment avec Matthieu Ricard), *La Consolation*, *op. cit.*, p. 126.

une évidence dans le bouddhisme. Ça l'est aussi dans la *Bhagavad-Gîtâ*, texte sacré de l'hindouisme. On y lie la continuation de l'âme par-delà la mort, jusqu'à cette « suprême existence divine », au fait d'avoir transformé en un yoga ininterrompu (*nitya-yoga*) l'acte entier de vivre. Si grande est l'importance de ce qu'est l'homme au moment critique du départ, le cours de la vie et la préparation qui aura été accomplie sont considérés comme tout aussi déterminants. Le passage, est-il dit, sera en écho à « *la forme dans laquelle l'âme croissait intérieurement, à chaque instant, durant la vie physique*[1] ».

Pour prolonger cette réflexion, le sociologue et accompagnant en soins palliatifs, Tanguy Châtel, vient souligner le changement de paradigme « *extraordinaire* », dit-il, en cours grâce aux soins palliatifs. « *Il y a encore quelques décennies, la préoccupation principale en fin de vie était tournée vers l'avenir ; il s'agissait de préparer un au-delà possible, pour soi et pour ses proches. Or, tant pour celui qui va mourir que pour ceux qui l'accompagnent, réaliser le travail propre au trépas et arriver à communiquer autour de la mort nécessite de se détacher petit à petit des projections : "Je ne pourrai jamais vivre sans toi !" ; "Qu'allez-vous devenir sans moi ?" Lors des moments ultimes, l'essentiel est de revenir sur l'instant présent, de savourer tant que faire se peut les minutes qui sont là. Les soins palliatifs favorisent ce retour au présent. Il faut garder à l'esprit qu'avant de se quitter, la fin de vie offre la dernière chance de se rencontrer. Au-delà de l'aspect des soins médicaux, les soins palliatifs recouvrent une sagesse philosophique profonde : une attention à la vie, qui se manifeste plus fort quand elle s'approche de la fin.* »

1. Shrî Aurobindo, *La Bhagavad-Gîtâ*, Paris, Albin Michel, 1970, p. 163.

Tanguy Châtel rejoint en cela la pensée du théologien Maurice Zundel, qui affirmait : « *Le vrai problème n'est pas de savoir si nous vivrons après la mort, mais si nous serons vivants avant la mort*[1]. »

La maîtrise du lâcher-prise

Le travail propre au processus du mourir exige un double mouvement paradoxal : être pleinement conscient de ce qui est à l'œuvre *et* lâcher prise. C'est au moment où nous ouvrons symboliquement les bras que nous nous reconnectons à l'élan vital ; on peut le constater dans les phénomènes de conscience accrue à l'approche de la mort, où l'état physique est très altéré, mais où semble se déployer une vitalité d'un autre ordre. Il s'agit en quelque sorte d'abandonner au « passage » l'ego pour accéder à l'Universel. En Inde, les sages conseillent de ne pas s'identifier au Moi, le Moi mortel, mais de se souvenir que l'on est habité par quelque chose d'éternel. Le processus de mourir nous permet de recontacter cette dimension qui dépasse notre enveloppe corporelle.

1. Maurice Zundel, *À l'écoute du silence*, Paris, Pierre Téqui, 1979, p. 53.

Les mystères de la fin de vie

Car la vie est après tout un voyage
d'un lieu inconnu vers un lieu inconnu.

Daisetz Teitaro SUZUKI

« *Une expérience m'a vraiment marqué. J'étais en train de parler avec une dame en fin de vie, fatiguée, mais qui avait toute sa tête. J'étais assis sur son lit et elle était assise en face de moi. Elle me disait qu'elle s'inquiétait pour ses proches. C'était une discussion assez habituelle. Et à la fin de la conversation, elle me dit : "Écoutez, vous me trouvez lucide ? – Oui. – Je ne suis pas folle n'est-ce pas ? – Non, pas du tout ! – Eh bien, il faut que je vous dise : je perçois mon mari, qui est au bout du lit, là". Et elle pointait le doigt dans cette direction. Je me retourne pour regarder, et je lui réponds : "D'accord. Moi, je ne le perçois pas". C'est important de se positionner en toute clarté : on nous recommande de ne pas aller dans le sens de quelque chose qui n'est pas notre réalité à nous. Mais comme dans cette maison on est habitué à ce genre d'expériences, je lui demande : "Vous le percevez comment ? Il vous parle, il vous dit quelque chose ? – Un peu flou, il ne parle pas, il est juste là, comme s'il m'attendait. – Est-ce que ça vous inquiète ? – Non, non, pas du tout !". Elle était très tranquille, elle voulait simplement me dire que cette présence était là. Elle est morte deux, trois jours après*[1]. »

1. Interview du Dr Christophe Fauré, INREES, magazine *Inexploré* n° 14, avril-juin 2012.

Le Dr Christophe Fauré[1] est psychiatre, spécialisé dans l'accompagnement des personnes en fin de vie et de leurs proches. S'appuyant sur cette expérience riche de rencontres et de partage, il est l'auteur de plusieurs ouvrages de référence sur le deuil et la perte. Nourri par le travail qui a été fait notamment par des pionniers de l'accompagnement de fin de vie comme Elisabeth Kübler-Ross, et également par sa longue expérience, il a été confronté de nombreuses fois à ces expériences inattendues autour de la fin de vie. Inattendues mais fréquentes. *« J'avais une conversation avec cette personne, et il n'y avait aucun signe de confusion mentale au sens médical du terme. On observe vraiment beaucoup de choses troublantes. Par exemple, un soignant m'a raconté qu'un corps avait été mis à la morgue, un peu plus tard, il dut y retourner et m'a affirmé avoir perçu une sorte de halo lumineux, comme une fumée en train de se dissiper autour de la personne… Enfin, c'est un constat : les gens racontent des choses dans un contexte qui est celui de la fin de vie, avec toujours des proches décédés qui entrent en contact d'une façon ou d'une autre avec eux. Ces expériences apportent quasiment toujours une forme d'apaisement, de certitude : "On vient me chercher". Cependant, d'après mon expérience, ce n'est pas la majorité des gens qui vivent cela – mais peut-être aussi que beaucoup le vivent sans pour autant en parler ; ou bien au contraire, ils ont tellement intégré ce type de contacts qu'ils ne pensent même pas que c'est une chose extraordinaire qui est en train de se passer… Je ne sais pas ce qui se passe. Une chose est certaine : ces phénomènes sont décrits de façon récurrente*[2]. »

1. Site du Dr Christophe Fauré : www.christophefaure.com
2. Interview du Dr Christophe Fauré, INREES, magazine *Inexploré* n°14, avril-juin 2012.

Conscience accrue à l'approche de la mort

Depuis près de vingt-cinq ans, Evelyn Elsaesser-Valarino consacre une grande partie de son temps à l'étude des expériences de mort imminente (EMI), à l'écriture d'articles et d'ouvrages sur le sujet[1]. Elle donne de nombreuses conférences et anime des ateliers de recherche sur les EMI, les visions au moment du trépas et les vécus subjectifs de contact avec les défunts. Elle est coordinatrice pour l'Europe de IANDS (International Association for Near-Death Studies) et a rédigé dans le *Manuel clinique des expériences extraordinaires* les chapitres consacrés à la conscience accrue à l'approche de la mort et le vécu subjectif de contact avec les défunts[2]. Avec infiniment de précision et de délicatesse, elle met en lumière ce qui se joue à proximité de la mort. « *Le phénomène de la conscience accrue à l'approche de la mort se manifeste chez les individus qui meurent lentement et progressivement d'une maladie ou du grand âge. Ils sont conscients, ne subissent aucune modification physiologique et semblent avoir accès simultanément à notre réalité et à un "autre monde", le monde des défunts. Il apparaît par ailleurs de plus en plus clairement que les personnes en fin de vie ont conscience qu'elles vont mourir très prochainement, même les malades à qui on n'a pas annoncé la gravité de leur état de santé, et même si*

1. Lire notamment, d'Evelyn Elsaesser-Valarino, *D'une vie à l'autre*, Dervy, 1999, et *Lessons from the Light*, Moment Point Press, 2000, réimp. 2006, rédigé en collaboration avec le professeur de psychologie américain Kenneth Ring.
2. *Manuel clinique des expériences extraordinaires*, sous la direction de Stéphane Allix, Paul Bernstein, INREES/InterEditions-Dunod, 2009.

les médecins, eux-mêmes, ne s'attendent pas à une mort imminente. Cette certitude s'installe environ 72 heures avant le décès. Les infirmières américaines Maggie Callanan et Patricia Kelley ont forgé l'expression Nearing-Death Awareness *pour qualifier cet état de conscience élargie, associé à la proximité de la mort. Dans le cadre de l'écriture du* Manuel clinique des expériences extraordinaires[1], *nous avons adopté la traduction française "conscience accrue à l'approche de la mort".* »

Dans cet état de conscience élargie, les mourants semblent détenir une connaissance particulière du processus de mourir qui leur permet de contrôler, dans une certaine mesure, son déroulement. « Programmer » est un mot un peu fort, mais il semble en tout cas que les mourants aient une certaine marge de manœuvre pour retarder ou accélérer le processus de mourir. Ainsi, on constate que les personnes peuvent retarder leur mort pour attendre un proche, les personnes dans le coma également semblent être conscientes, et ce d'une manière inexplicable. Dans d'autres cas, au contraire, des malades peuvent s'éteindre plus vite que leur état physique ne le laisserait prévoir, quand une agonie prolongée poserait trop de problèmes émotionnels ou matériels à leur entourage, ou encore quand ils sont censés partir en maison de retraite ou à l'hôpital, alors qu'ils n'y tiennent pas.

Les visions au moment du décès constituent l'élément le plus important de la conscience accrue à l'approche de la mort. Les patients en phase terminale décrivent la vision momentanée, parfois récurrente, d'un lieu qu'ils sont les seuls à voir. Ils

1. *Ibid*, « Conscience accrue à l'approche de la mort », p. 97-130.

décrivent des paysages d'une beauté indescriptible, certains disent avoir vu « le paradis ». D'autres malades sentent la présence ou voient des êtres aimés décédés ou, plus rarement, des entités religieuses ou mystiques, qui les accompagnent pendant le processus de mourir et communiquent télépathiquement avec eux. Ils disent que leurs proches décédés sont venus les chercher pour les aider à franchir le pas vers « l'autre monde » en toute sérénité et sécurité. Quel que soit leur système de croyance préexistant, ils ne mettent pas en doute la réalité des apparitions et les accueillent avec gratitude et simplicité. Suite aux visions, qui ne durent que quelques secondes, la peur de la mort s'efface instantanément et une grande paix et confiance s'installent.

Certains malades décrivent leurs visions en toute simplicité à leurs proches et ils sont parfaitement conscients qu'ils sont les seuls à pouvoir voir et entendre les défunts. D'autres sont déjà bien avancés dans le processus de mourir et ne sont plus en mesure de parler, mais leurs comportements et leurs gestes peuvent laisser à penser qu'ils ont eu une expérience de ce type. Certains tendent les bras vers quelque chose ou quelqu'un ou sourient à un interlocuteur invisible, d'autres font un signe de la main ou hochent la tête en signe d'acquiescement à des propos inaudibles. Comment comprendre ces expériences ?

Un silence de mort

Parler de la mort et des phénomènes qui accompagnent ce passage reste délicat de nos jours. Autant la mort fait son show dans les médias et sur écran – dans ce qu'elle a de plus spectaculaire, au cœur des guerres et des faits divers, donnant lieu à une sorte de catharsis libératoire – autant la mort intime, celle qui touche nos proches et ceux qui meurent derrière les murs des hôpitaux, est tue et refoulée de notre société. *« Ultra-médicalisée, cachée, la mort devient presque virtuelle »*, partage Valérie Lafay, infirmière libérale, qui travaille tant dans le milieu hospitalier qu'en maison de retraite.

Evelyn Elsaesser-Valarino va plus loin : *« L'idée de la mort terrorise un bon nombre de nos contemporains et les conséquences sont dramatiques, quand il suffirait d'écouter les témoignages des personnes qui ont vécu des expériences transpersonnelles autour de la mort d'une telle beauté qu'elles ont le potentiel de sublimer notre conception de la mort. »*

En regroupant ses observations et celles de ses collègues réanimateurs ou exerçant dans des unités de soins palliatifs sur les comportements spécifiques des mourants, le Dr Jean-Jacques Charbonier relève que si la plupart de ses confrères sont unanimes pour valider à la lumière de leur expérience la classification des phénomènes observés dans son étude, *« très peu en avaient déjà parlé ; ce sujet restant, hélas, encore trop tabou dans le milieu médical. »*

Si l'on évoque la difficulté de communiquer clairement autour de ces phénomènes qui entourent la proximité de la mort, le Dr Charbonier tient à souligner, pour être tout à fait complet, que *« dans la majorité des cas de fin de vie, on ne retrouve aucune de ces caractéristiques* (propres aux comportements et phénomènes de conscience accrue expérimentés par les mourants, ndlr), *car les sujets sont à des stades de coma trop profonds pour être en mesure d'exprimer quoi que ce soit »*. Les témoins rencontrés pour cet ouvrage partagent son avis : nous ne sommes pas en mesure d'extrapoler avec certitude si les personnes en fin de vie inconscientes vivent, oui ou non, d'une manière ou d'une autre, ces états de conscience spécifiques à l'approche de la mort.

Imperceptibles nuances

Si témoigner s'avère donc utile, encore faut-il y apporter beaucoup de subtilité… Il est si complexe de transmettre avec justesse l'ineffable. Gardons à l'esprit que *« ce qu'on appelle la vie n'est qu'un bref épisode entre deux grands mystères, qui n'en font qu'un seul »* (dixit C.G. Jung)… Alors, comment dire l'indicible sans en trahir la force, la singularité ?

« *L'événement œcuménique de la mort, œcuménique parce qu'il arrive en tout lieu et à tout le monde, garde mystérieusement pour chacun un caractère intime et personnel, un caractère décousu qui ne concerne que l'intéressé*[1]. » Dans ces circonstances, comment partager, comment divulguer, avec toutes les nuances nécessaires, ce qui a été échangé et perçu par un tiers (soignant, accompagnant, proche), alors même que le principal intéressé n'est plus de ce

1. Vladimir Jankélévitch, *La Mort*, *op. cit.*

monde pour confirmer ou infirmer le témoignage ? Relater les expériences atypiques vécues par ceux qui sont au seuil de la mort comprend de fait un écueil majeur : il s'agit de ne pas communiquer, ni analyser ces phénomènes avec le filtre de nos projections – de nos propres peurs ou encore de notre envie de croire en un au-delà éventuel, qui viendrait nous rassurer dans l'épreuve. « *Nous ne sommes jamais au clair avec la mort. L'appréhension de la mort, telle que nous la vivons auprès de celui qui meurt, peut être modifiée par l'expérience, par un travail intellectuel, par un long processus d'analyse psychologique sur soi... mais tout cela ne nous fait pas totalement transparents devant cet événement qui survient, toujours singulier*[1]. »

Comme l'écrivait Shakespeare, *« les mots ne sont que des mots »*... Traduire en mots ordinaires l'extraordinaire des messages, des comportements et expériences de fin de vie est par conséquent une entreprise délicate. D'autant plus qu'en tant que témoin de ce qui est à l'œuvre lors des derniers instants on ne demeure pas dans la même qualité d'énergie que la personne confrontée à sa mort prochaine. Mourants et accompagnants sont dans des modes de perception, d'expression, de temporalité, différents. Celui qui meurt nous échappe... Certains de ses gestes, de ses mots échappent en tout cas à notre entendement, à notre état de conscience ordinaire. Dès lors, comment mettre des mots là-dessus ? Ceux qui ont accompagné une personne en fin de vie, et décident

1. C. Biot, F. Guinand, F. Hortala, *Mourir vivant,* Ivry, Les Éditions de l'Atelier, 1996, p. 13.

ensuite de témoigner de ce qui a été vécu par celle-ci dans la proximité de la mort, se retrouvent face à une sorte de devoir de mémoire ; une mémoire qu'il ne faudrait pas trahir. D'autant que c'est l'essence même de l'être humain, précieuse et unique, qui a été révélée au moment de cet ultime passage, qui mène de la vie à la mort. Aussi, posons simplement les choses, les observations, les témoignages, sur la table (ou plutôt sur le papier !) pour tenter de saisir ce qui est à l'œuvre…

Les mots pour le dire

Témoigner demande donc beaucoup de retenue et d'humilité, le sociologue et accompagnant bénévole en soins palliatifs Tanguy Châtel en est intimement convaincu. Avant de partager ses témoignages personnels d'accompagnement, il tient à faire une mise au point. Il souligne que tous ceux qui sont au contact des mourants – famille, personnel soignant, accompagnants – sont détenteurs d'histoires inexpliquées ; qui ne sont pas dans le champ de la médecine ordinaire. *« À la proximité de la mort, nous sommes à un point de rencontre entre une dimension rationnelle et une dimension irrationnelle »*, explique-t-il. Dès lors, comme la fin de vie est vécue dans un cadre médical, dans une société rationaliste, la parole est retenue autour de ces phénomènes inexpliqués.

« Il faut soulever que ce ne sont pas des phénomènes anecdotiques : ce n'est pas parce qu'on n'en parle pas ou peu qu'ils sont marginaux. C'est par peur d'être mal compris, jugé, mais aussi par pudeur, par égard que l'on tait certains

témoignages, d'une grande force. Comme toute personne engagée dans l'accompagnement, j'ai mon lot d'histoires troublantes, en lien avec la manière dont la personne en fin de vie prépare sa mort. Ce sont des expériences intimes, d'une dimension indicible. Quand on est dépositaire de ce type de témoignages – dans le cadre de la relation particulière qui unit le mourant et l'accompagnant – trop en parler revient à exhiber quelque chose de l'ordre de l'intimité. Au risque d'altérer la puissance du souvenir, d'appauvrir ce qui a été vécu et partagé... »

La fin de vie, ce n'est donc pas le grand déballage ! Les mourants, mais aussi ceux qui les accompagnent, font le choix de livrer *ce* qu'ils souhaitent, à *qui* ils le souhaitent. Ainsi, une personne en fin de vie peut-elle faire le choix délibéré de révéler qu'elle voit son époux décédé au pied de son lit à un accompagnant bénévole, mais pas à sa famille directe... peut-être par crainte du jugement. On le sait, il est parfois plus simple de se confier à un étranger qu'à ses proches.

N'oublions donc pas que, quels que soient sa nature et son mode d'expression, le message transmis est de l'ordre de l'écrin précieux, du trésor... Tanguy Châtel poursuit : *« Je souscris à la démarche de l'information sur les mystères de la fin de vie, de la mort. Mais dans notre société qui veut tout révéler, j'oppose un acte de résistance. Je travaille beaucoup sur le tabou de la mort ; il y a une part de vérité là-dedans et une part d'imposture. Si notre idée c'est que tous les tabous devraient être levés, il y a de quoi devenir fou !!! Si on met pleinement en lumière le mystère de la mort, il se déplacera, parce qu'il conservera toujours une part de mystère. Il est très pertinent de conserver une partie dans l'ombre ; non dans les ténèbres, mais bien dans une ombre qui est de l'ordre de la pudeur et de la discrétion. Ce qui nous permet d'avancer, c'est certes ce qui est mis en lumière (qui nous permet de révéler certains phénomènes spécifiques à l'approche de la mort pour nous tenir informés), mais aussi ce qui reste dans l'ombre (de notre inconscient, de l'invisible, de l'indicible). C'est un subtil dosage à trouver pour donner l'envie aux gens d'aller explorer par eux-mêmes. »*

Voilà donc le subtil équilibre entre information nécessaire et retenue indispensable qui caractérisent, dans les pages qui suivent, les témoignages qui y seront dévoilés, avec infiniment de respect. Nous sommes là face à quelque chose d'immense et d'inédit.

Et si nous « pilotions » notre mort ?

Dans la comédie romantique, *Happy New Year*[1], qui fait s'entrecroiser sur un ton léger l'acmé des destinées humaines (l'amour, la naissance, les choix de vie, la mort…), dans la fébrilité du réveillon de la Saint-Sylvestre à New York, Robert De Niro (alias Stan Harris), hospitalisé dans un état critique, sait, sent, que sa dernière heure est proche… Malgré tout, provoquant l'étonnement des soignants, il « tient », parce qu'il veut vivre le cap de minuit et voir, une dernière fois, l'énorme boule de cristal de Times Square descendre du (gratte)-ciel pour annoncer l'An neuf, ainsi qu'il le faisait traditionnellement avec son épouse. Épouse aujourd'hui disparue, et qu'il regrette, au terme de sa vie, d'avoir autrefois lâchement quittée. Sa fille, dont il s'est peu occupé, vient lui rendre une ultime visite et, contre l'avis du médecin (mais avec la complicité d'une infirmière !), l'emmène voir le spectacle sur le toit de l'hôpital. L'homme affaibli, ému d'être entendu dans ses dernières volontés, peut alors confier à sa fille ses regrets, demander pardon pour le mal qu'il a fait.

1. Garry Marshall, *Happy New Year*, Warner Bros. Pictures, 2012.

Une fois la boule de lumière descendue et la nouvelle année entamée, il s'éteint en paix…

Bien sûr, c'est du cinéma… mais pas seulement ! Ce scénario explore bien des « scènes » réelles du processus de mourir. D'après les témoignages recueillis, tant auprès des proches que des soignants, il semble effectivement que les personnes en fin de vie aient souvent l'intuition de leur dernière heure. Parfois même alors que le personnel médical ne soupçonne pas la gravité de l'état du patient. Cette connaissance instinctive est l'un des éléments clés de la conscience accrue à l'approche de la mort.

Au-delà de ça, il apparaît assez clairement que dans l'état de conscience spécifique à l'approche de la mort, beaucoup de personnes bénéficient d'une marge de manœuvre pour « piloter » le processus de mourir ; ainsi ralentir ou accélérer leur mort, comme si elles disposaient d'un certain contrôle sur son déroulement. Cela en fonction, par exemple, d'un événement à venir (anniversaire, naissance dans la famille…), d'une visite attendue, d'un aspect encore à régler. *« Mon père, hospitalisé en soins palliatifs pour un cancer qui s'était généralisé à vitesse grand V, allait très mal depuis des jours, et l'équipe médicale ne comprenait pas comment, ni pourquoi il s'accrochait… Il se fait que mon demi-frère, qu'il voyait peu, vit à l'autre bout de la planète et, prévenu tard de l'imminence du décès, était retenu par la présentation d'un colloque. Dès qu'il a pu se dégager, il a pris l'avion et a accouru voir notre père, avec qui il a eu un tête-à-tête. Une heure après son arrivée, notre père, apaisé, est décédé »*, constate Sylvia, encore émue de cette concordance des temps, entre la venue de son frère et la mort de ce père.

Cette perspective bouscule quelque peu l'idée reçue qui considère le fait de mourir comme un acte passif et le mourant comme totalement impuissant. « Le fait d'être conscient de ce contrôle – du moment, des circonstances et des personnes présentes – rend les mourants moins passifs et montre qu'ils ont effectivement un certain pouvoir de décision », expliquent les infirmières en soins palliatifs Maggie Callanan et Patricia Kelley[1].

L'intuition de la dernière heure

Allons plus avant dans cette possible préscience de la proximité de la mort. On peut se poser la question : la personne approchant du terme de son existence, débarrassée des contingences matérielles et des stimuli de la vie quotidienne, arriverait-elle à une sorte d'épure, lui donnant accès à des perceptions et des habilités plus fines que d'ordinaire ? « *Celui qui va mourir… dans quelques heures, quelques jours ou quelques semaines a pu entendre ce que la maladie qui le taraude lui dit. Il sait. Il ne sait pas d'abord parce que le médecin a pu lui dire (en répondant à ses questions). Il sait parce que son corps atteint lui envoie une multitude de signaux. Ce n'est donc pas un savoir intellectuel, mais d'abord un savoir du corps. Or, ce patient peut se saisir de cette information et tenter de la transmettre à celui qui s'approche de lui : il fera un signe à travers des attitudes et des sentiments ; il fera un signe à travers des questions et des réflexions*[2]. » De l'importance, dans ce travail interactif du trépas, que les accompa-

1. Maggie Callanan, Patricia Kelley, *Final Gifts, Understanding the Special Awareness, Needs, and Communications of the Dying*, Bantam Books, 1997, p. 222.
2. C. Biot, F. Guinand, F. Hortala, *Mourir vivant*, *op. cit.*, p. 13.

gnants – proches, soignants, bénévoles – soient ouverts et attentifs aux signes émis par celui, par celle, qui va bientôt mourir.

Quoi qu'il en soit, la « clairvoyance » de nombreux patients semble annoncer, entre autres indices, l'imminence du décès. Jusqu'au point, parfois, de pressentir le jour et même l'heure de leur départ. Parmi les six catégories de « conscience accrue à l'approche de la mort » répertoriées par Maggie Callanan et Patricia Kelley, ces dernières ont clairement pointé cette connaissance du moment exact de la mort, que semblent avoir certains patients... parfois de manière plus précise que les docteurs et les infirmières !

Ainsi le Dr Fabienne Chudacet, qui travaille depuis vingt ans dans l'unité de soins palliatifs de la Maison Médicale Jeanne Garnier, se remémore-t-elle cette femme cancéreuse qu'elle a saluée un soir avant de quitter l'hôpital, et qui semblait se porter aussi bien que possible. *« Quand je lui ai dit : "À demain", elle m'a répondu calmement : "Je ne pense pas docteur." Puis elle m'a demandé ce qu'il y avait à l'étage en dessous. J'avais beau lui dire qu'il n'y avait que le garage, elle insistait. Quand je suis revenue le lendemain, elle était morte et on l'avait transportée à l'étage inférieur, où se trouvait, outre le garage, le funérarium*[1]*. »*

Dans certains pays, comme le Japon, il est de coutume de ne pas aviser la personne de sa mort, de peur que son esprit se dérobe ; elle aurait besoin, dit-on, de

1. INREES, magazine *Inexploré* n° 14, avril-juin 2012, p. 32.

toute la force de son esprit pour faire face à la maladie. Or, le patient connaît mieux que quiconque son état. Dans leur livre, Maggie Callanan et Patricia Kelley relatent ainsi l'histoire d'un patient qui a demandé d'avertir sa femme afin qu'elle apporte sans tarder un gâteau avec des chandelles. Cela n'avait pas de sens pour l'infirmière, mais elle a fait le relais auprès de sa femme, qui s'est aussitôt mise à pleurer. Leur anniversaire de mariage tombait le 4 juillet, et elle avait pris l'habitude de décorer le gâteau de telles chandelles, plutôt que de banales bougies. Or, on était en avril. Le mari fut enterré le 4 juillet. Il semblait connaître à l'avance le moment de sa mort, et c'est pourquoi il voulait célébrer leur anniversaire avant cette date.

Le mourant aux commandes

Diverses études scientifiques pointent le fait que de nombreuses personnes en fin de vie semblent pouvoir retarder et choisir le moment de leur mort, dans certaines limites et parfois contre toute attente médicale. C'est là une autre facette de l'habilité des personnes mourantes. *« Nous connaissons tous quelqu'un dont la grand-mère attendait la visite de son petit-fils avant de mourir. Les personnes qui meurent sont très portées sur une date particulière : elles peuvent choisir de ne pas mourir à Noël ou encore d'attendre un anniversaire de mariage »*, précise Magie Callanan[1].

Ces dates clés peuvent concerner le mourant sur le plan individuel – une étude réalisée par une équipe de cher-

1. Interview de Maggie Callanan, *Le Magazine de l'INREES* (précurseur du magazine *Inexploré*) n° 5, hiver 2009-2010, p. 16.

cheurs de l'Université de Zürich vient de démontrer (après une enquête menée sur une période de quarante ans) que l'on aurait 14 % de risques supplémentaires de mourir le jour de son anniversaire (pour les plus de 60 ans) – mais aussi sur le plan collectif, traditionnel, religieux.

Dans la communauté chinoise, par exemple, on signale une abondance de morts à certaines dates favorables du calendrier traditionnel chinois. Il en serait de même dans le monde musulman autour du moment propice du Ramadan – il est dit traditionnellement que les portes de l'enfer sont alors fermées, et il semblerait que mourir durant le temps particulier du jeûne soit bénéfique pour le salut de l'âme – et du Hajj, le traditionnel pèlerinage à La Mecque. On pense en effet que les défunts vont ainsi directement au paradis, car la Kaaba est un lieu sacré.

La marge de manœuvre opérée par les mourants semble parfois étonnamment plus large… Le prêtre et psychologue Patrice Gourrier relate ainsi l'accompagnement d'un homme jeune, atteint d'un cancer généralisé, à qui les médecins avaient annoncé qu'il lui restait deux mois à vivre… Or, un an et demi plus tard, il est toujours bien là. *« Il a dit aux médecins : "Je vais vous donner tort ; je ne mourrai pas !" Face à la maladie, certains mobilisent des ressources incroyables »*, souligne-t-il.

Dans d'autres cas, des malades peuvent s'éteindre plus vite que leur état physique ne le laisserait prévoir, parce que le moment est propice pour leur famille et dans le but, peut-être, de leur éviter des embarras supplémentaires. *« Il m'est arrivé, avec plusieurs personnes âgées, d'observer un syndrome de glissement (dégradation rapide de l'état général). Alors qu'elles devaient intégrer une maison de retraite et que leur état de santé ne laissait rien présager d'une issue prochaine, elles se sont éteintes à peine arrivées dans l'établissement, voire au moment même où l'ambulance arrivait pour venir les chercher* », raconte Valérie Lafay, infirmière libérale.

D'autres encore semblent choisir de mourir seuls. « *Les enfants s'éteignent souvent justement quand les parents ont quitté la pièce pour quelques minutes, comme s'ils voulaient leur épargner la douleur ultime d'assister à leur dernier souffle*[1] ».

« *J'ai différents témoignages de personnes sorties de la chambre juste une petite minute pour aller prendre un verre d'eau ou aller aux toilettes, et qui en revenant constatent que leur proche est décédé* », fait ainsi remarquer le père Patrice Gourrier. Or, beaucoup de ces personnes sont inconsolables de ne pas avoir été présentes au moment du décès, d'avoir quitté la chambre d'hôpital juste “au mauvais moment”. Elles culpabilisent et le deuil peut en être considérablement compliqué et allongé. Evelyn Elsaesser-Valarino propose une autre lecture : « *C'était peut-être un choix du mourant, un choix qu'il s'agit d'accepter et de respecter, sans s'infliger des souffrances supplémentaires stériles.* »

Elle rapporte un témoignage emblématique : « *Une accompagnatrice en fin de vie m'a raconté le cas d'un garçon atteint d'un cancer dont l'état physique était tel qu'il semblait impossible qu'il soit encore en vie. Elle a conseillé aux parents de dire à leur fils qu'ils l'aimaient infiniment et que c'était précisément par amour qu'ils souhaitaient qu'il puisse*

1. Evelyn Elsaesser-Valarino in *Manuel clinique des expériences extraordinaires,* sous la direction de Stéphane Allix, Paul Bernstein, *op. cit.*, p. 114.

partir. Dix minutes après que ces paroles libératrices aient été prononcées, il a quitté la vie paisiblement.[1] »

Pour certains patients, l'attente d'un proche peut vraiment interférer sur le processus de mourir, le rendant long et difficile. Ainsi, Claudine Marchant, psychothérapeute qui accompagne les personnes en fin de vie, témoigne : « *J'ai accompagné un homme d'une cinquantaine d'années qui était dans un état désastreux et qui semblait lutter contre la mort. Il se fait qu'il attendait l'amour de sa vie... Une femme qu'il avait aimée, mais qui avait fait sa vie avec un autre homme. Cet homme avait fait son possible durant son existence pour garder le contact avec elle, mais quand on lui a diagnostiqué un cancer, il n'a pas voulu envisager que c'était peut-être la fin et n'a donc pas fait le nécessaire pour la revoir. Or, au moment ultime, on n'a pas pu faire venir cette femme, car elle était partie en vacances à l'étranger. Il a encore vécu quinze jours en luttant dans un état déplorable, avant de finalement lâcher prise et de s'éteindre...* »

Tanguy Châtel apporte quelques bémols à cette prescience du processus de mourir. Il souligne l'ambiguïté de ce passage, de la vie à la mort. « *Il y a bien une forme de conscience et de maîtrise que l'on n'explique pas à l'approche de la mort ; on le voit, par exemple, à la lumière de protocoles médicaux identiques qui n'ont pas les mêmes effets selon les personnes. En fin de vie, celles-ci "flairent" que quelque chose est en train de changer, mais continuent souvent d'espérer pouvoir prolonger leur temps sur terre. Au niveau psychologique, il y a une indétermination, une oscillation fréquente entre l'intuition – une présence au processus*

1. Entretien avec l'auteur.

propre à l'approche de la mort ("je sais bien que je vais mourir") et la difficulté à l'accepter ("je serai là pour l'anniversaire de ma femme"). C'est un va-et-vient permanent. »

Kairos *versus* Chronos

Dans notre difficulté à appréhender le moment de la mort (intuitif, choisi, retardé, anticipé, solitaire ou non), il faut souligner que le mourant ne se trouve sans doute pas dans la même conception, ni la même conscience du temps que ceux qui évoluent dans le monde ordinaire...

Le processus de mourir fait s'entrechoquer deux notions du temps. D'une part, il y a Chronos, le temps linéaire, physique, de la fuite en avant qui entraîne le malade vers la fin du cycle de vie (un temps où se trouve aussi l'équipe soignante, pressée par le tempo ambiant de réaliser des actes et des soins... pas forcément au rythme souhaité par le mourant). D'autre part, il y a le Kairos. Le temps juste, opportun. Un instant d'inflexion, où temps et action se croisent de manière féconde. Sans doute, le Kairos se développe-t-il de manière spéciale à l'approche de la mort... Alors que le pouls se ralentit – pulsation essentielle qui fait partie du staccato naturel nous reliant à la vie, au monde vivant – le mourant semble posséder son propre rythme intérieur. Le Kairos, pour lui, c'est l'occasion opportune de régler ce qui doit encore l'être, sur tous les plans. De rencontrer une ultime fois ses proches. De (se) pardonner. De préparer son départ... jusqu'au basculement décisif du moment de la mort.

« *Le temps est extrêmement subjectif,* concède l'astrophysicien Morvan Salez. *On est culturellement prisonnier de l'idée qu'on vit le temps physique et qu'on le perçoit avec notre conscience, mais je pense qu'en fait, le temps que perçoit notre conscience est quelque chose qui – comme le Canada Dry – ressemble au temps physique, en a la saveur, a l'air de prendre la même direction, d'aller au même rythme, mais que ce n'est pas le temps physique. Cette notion du temps linéaire est une illusion qu'on fabrique soi-même et qui ressemble au temps physique. Il nous permet de suivre les événements. De les vivre, de les expérimenter de manière vivable en sachant que notre présence sur terre n'est pas éternelle, ce qui nous permet d'apprécier la manière dont les choses se déroulent en suivant inexorablement la flèche du temps. Mais lorsqu'on accède à un état modifié de conscience, le temps n'a plus la même échelle de valeurs. Les mystiques qui atteignent l'expansion de conscience affirment que, pendant leur expérience, le temps s'arrête ou ne s'écoule plus du tout au même rythme. Même chose lors d'une Expérience de Mort Imminente, d'une séance de méditation ou durant un rêve… Ces expériences d'états modifiés de conscience soulignent que le temps physique, celui de nos horloges, celui dans lequel se déploient les phénomènes, n'est pas le même que celui perçu dans d'autres réalités. Pour moi, cela montre que notre notion de temps est intimement liée à notre état de conscience car, à partir du moment où il est modifié, le temps sera évalué de manière totalement différente*[1]. »

La psychothérapeute Claudine Marchant s'interroge à ce propos : *« Peut-être les personnes en fin de vie partent-elles quand c'est le moment juste pour elles ? Le moment du*

1. Enquête d'Audrey Mouge, « Le temps, une illusion ? », pour l'INREES, www.inrees.com

corps, le moment du cœur, le moment de l'esprit. Dans une sorte d'acceptation globale : quand tout est en ordre sur le plan de l'esprit, qu'on a pu dire au revoir avec le cœur à ceux qui nous sont chers, que le corps n'en peut plus. Je crois en tout cas que le "bon" moment est, dans la mesure du possible, le fruit de la cohérence de ces trois aspects. Je suis en questionnement par rapport à cela... »

Laisser partir...

« Lumineuse est la conscience, brillante de mille feux est sa nature, mais elle est obscurcie par les attachements qui viennent la visiter », éclaire le texte bouddhique Anguttara Nikaya...

Nous avons vu la relative marge de manœuvre dont semblent disposer les personnes en fin de vie pour choisir le moment de leur mort, mais parler de cela ne serait pas complet sans évoquer le rôle que jouent les proches dans cette partition mystérieuse. Ce que Marilyn Webb appelle la *« bonne mort*[1] » nécessite en effet que les proches soient eux aussi à même de faire montre, à cet instant crucial, d'une certaine philosophie de vie. Qu'ils soient capables de laisser partir l'être aimé. Même si le patient est prêt, l'entourage ne l'est pas toujours... Il faut « couper le cordon ». *« Il arrive que l'énergie des vivants retienne les mourants »*, note Patrice Gourrier au cœur des accompagnements qu'il réalise. L'angoisse des proches peut peser sur celui, sur celle qui s'apprête à mourir. D'autant que dans la promiscuité de la chambre d'hôpital, les protago-

1. Marilyn Webb, *The Good Death : The New American Search to Reshape The End of Life,* Bantam Books, 1999.

nistes (l'agonisant et ses proches) vivent cet épisode de la fin de vie dans un huis clos, qui peut se révéler étouffant.

Il semble que les personnes en phase terminale, et tout particulièrement les enfants, ressentent le besoin d'une « permission » pour pouvoir mourir sereinement.

Maggie Callanan et Patricia Kelley constatent *« qu'une fois cette permission accordée, les patients ressentent un grand soulagement, l'absence de permission peut rendre le processus de mourir plus difficile et plus long. Le mourant sait intuitivement quand – et souvent pourquoi – cette permission est retenue, le comportement de son entourage le lui indique. Ce refus signifie que ceux qu'ils aiment ne comprennent pas leur lutte et qu'ils ne sont pas prêts émotionnellement à gérer l'irrévocabilité de leur départ*[1]*. »*

Accorder cette permission n'est pas simple : inconsciemment, elle renvoie à une inévitable culpabilité, tel un échec de l'amour *(« si je l'aime, je ne peux pas le laisser partir ! »).* Or, on le voit, c'est tout le contraire. Un incommensurable acte d'amour.

Dans *Derniers fragments d'un long voyage*[2], Christiane Singer, atteinte d'un cancer, écrit son Journal au cœur du processus de la fin de vie, partageant ce qu'elle traverse comme expériences et états de conscience. Son témoignage est d'autant plus précieux qu'il est rare d'avoir un récit direct de ce qui se vit à l'approche de la mort. Ainsi, en date du 31 décembre, nous relate-t-elle, la volonté de certains proches de la retenir…

1. Maggie Callanan, Patricia Kelley, *Final Gifts, Understanding the Special Awareness, Needs, and Communications of the Dying*, *op. cit.*, p. 71.
2. Christiane Singer, *Derniers fragments d'un long voyage*, Paris, Albin Michel, 2007.

« Des voix d'amis qui continuent de me dire : "Tu peux encore te décider pour la vie. Décide-toi pour la vie !" Ces voix me heurtent avec tendresse, je le sais, elles n'appartiennent plus à mon royaume, elles sont du royaume de la dualité alors qu'elles croient en être totalement délivrées. L'intention est bonne, elle est naïve. À ces encouragements manque la vraie brûlure de l'expérience. Dans l'espace où j'évolue, vivre et mourir est la vie. J'opte pour le tout. Voilà. » À la même date, elle partage une lettre écrite à un ami, où elle lui demande avec « *une tendresse immense* » d'ôter de son cœur toute pression par un souhait trop fort de la voir parmi eux…

Laisser partir, d'accord. Mais comment trouver le juste milieu entre prendre soin de celui qui va mourir et ne pas le retenir ? Le *Bardo-Thödol* ou *Livre tibétain des morts* donne une piste concrète en insistant sur la nécessité pour l'accompagnant (en l'occurrence, le lama dans la tradition bouddhiste tibétaine, mais cela peut s'appliquer à tout accompagnant, qu'il soit un proche ou un professionnel) de faire appel à ses qualités féminines *comme* à ses qualités masculines. « *Au moment de la mort, on a besoin de féminin, de maternel, de tendresse, de douceur, mais on a aussi besoin de masculin. On a besoin d'un père, d'une parole de connaissance qui nous éclaire, nous oriente. On a besoin d'un "tu peux". C'est cela la véritable autorité, celle qui autorise, qui fait confiance. Il y a une fonction prophétique de l'accompagnateur, qui par sa parole peut ouvrir un chemin*[1]. »

1. Marie de Hennezel, Jean-Yves Leloup, *L'Art de mourir, op. cit.*, p. 44.

Le réanimateur-anesthésiste Jean-Jacques Charbonier exhorte à éviter ce qu'il appelle « *l'acharnement affectif* ». Il se souvient de cette jeune femme qui ne loupait pas une heure de visite à son papa, à l'article de la mort, et qui pleurait auprès de lui toutes les larmes de son corps. Elle lui disait : « *Docteur, je ne comprends pas, vous dites que papa va mourir, mais il est dans le coma depuis des jours et rien n'évolue…* » L'équipe médicale avait arrêté les antibiotiques et les catécholamines (qui soutiennent le cœur), pourtant l'homme, dans un état pitoyable, semblait ne pas vouloir partir. « *J'ai dit à cette jeune femme : vous devriez faire comprendre à votre père que vous acceptez son départ. Je me rappelle, elle m'avait fusillé du regard. Elle ne supportait pas l'idée qu'elle puisse influencer le devenir de son père. Pourtant, très vite, elle est revenue vers moi pour me remercier. Elle m'a dit : "J'ai fait ce que vous m'aviez conseillé, et papa est parti dans les quinze minutes qui ont suivi." Par sa parole, elle l'a libéré.* »

Le psychothérapeute Thierry Janssen, spécialisé dans l'accompagnement des patients atteints de maladie physique[1], évoque, lui, cette jeune femme atteinte d'une tumeur au cerveau, qu'il a accompagnée tout au long de sa maladie. Par son vécu et sa personnalité, celle-ci avait « porté » les autres durant son existence. « *À l'approche de sa mort,* dit-il, *malgré le fait qu'elle disait vouloir mourir, elle ne s'en sentait pas le droit, pensant que sa mère ne le supporterait pas. Je lui ai suggéré que son système de croyance était peut-être tronqué, et que c'était éventuelle-*

1. Lire, notamment, Thierry Janssen, *La Solution intérieure. Vers une nouvelle médecine du corps et de l'esprit*, Paris, Pocket, 2011 ; *La maladie a-t-elle un sens ?*, Paris, Fayard, 2008 et *Vivre le cancer du sein… autrement*, Paris, Robert Laffont, 2006.

ment elle qui ne pouvait pas imaginer vivre sans sa mère et projetait sa croyance sur celle-ci… À l'hôpital, j'ai dit à sa mère : "Vous devez la laisser partir." Difficile de demander ça à une maman… Puis j'ai ajouté : "Vous préférez voir agoniser votre fille ?" J'ai ouvert ainsi une "porte". J'ai embrassé la jeune femme sur le front, lui parlant mentalement et lui donnant implicitement la permission de partir. Je précise : il ne s'agit aucunement de "pousser" la personne, mais de mettre en place des conditions qui lèvent les blocages (principalement des attachements) et permettent une "mise en paix". En repartant de l'hôpital, sur l'autoroute, un pigeon s'est écrasé sur mon pare-brise… En rentrant à la maison, j'ai appris que la jeune femme était décédée. Il est important de souligner qu'en travaillant avec les personnes en fin de vie, beaucoup de choses se passent au niveau de l'intuition, davantage qu'avec le verbal. »

Et il n'est jamais trop tard pour faire comprendre que l'on est d'accord avec le départ d'un être… Même quand celui-ci est plongé dans le coma ou qu'il semble en proie au délire. On assiste en effet souvent à une lucidité terminale ; une conscience accrue au cœur de l'inconscience. Une curieuse expérience que nous relate la psychothérapeute Claudine Marchant : *« J'ai accompagné jusqu'au bout une dame atteinte d'Alzheimer. Alors qu'elle délirait pourtant sérieusement, à l'approche de la mort, j'ai eu l'impression qu'il y avait une présence réelle de sa conscience. Au milieu de ses délires, dans une sorte de lucidité finale, elle m'a confié qu'elle savait qu'elle faisait peur à ses enfants et que, là, elle était prête à partir, se demandant ce qui la retenait encore. Elle avait ainsi pu me dire ce qui lui tenait à cœur : huit jours après, alors que rien ne le laissait présager, elle s'est éteinte. Cela m'arrive régulièrement de constater ces éclats de pleine conscience au cœur de l'inconscience ou du délire. Quand je raconte ça aux médecins, ils me disent que ce n'est pas possible !* »

La fin de vie est très certainement le temps de l'amour inconditionnel. Laisser partir celui ou celle que l'on aime, et l'apaiser face à notre future destinée (tout en lui rendant en quelque sorte la sienne), est certes douloureux et difficile, mais constitue sans nul doute l'un des plus beaux gestes d'amour que l'on puisse lui adresser… Pour Jean-Yves Leloup, au moment de la mort, aimer, c'est aimer assez pour dire : « *Va vers toi-même, tu ne m'appartiens pas, bénie soit la vie qui nous a permis de cheminer ensemble, ne t'arrête pas à la souffrance qui te submerge, va*[1]… »

Dans son livre bouleversant, *Ce lien qui ne meurt jamais*[2], Lytta Basset évoque la mort de son fils et cite une parole de Bernard de Clairvaux qui l'a aidée dans cette traversée : « *Consentir, c'est être sauvé.* » À la lumière de son expérience, s'ouvrir à la compassion et à l'amour inconditionnel lui a permis, même au cœur de l'absurde, d'accepter l'inacceptable. « *Quand on aime quelqu'un profondément,* dit-elle, *on ne peut pas le condamner à vivre, parce que cela nous arrange.* »

La psychologue et psychothérapeute Marie de Hennezel a travaillé pendant dix ans dans la première unité de soins palliatifs en France. C'est l'expérience acquise dans ce service qu'elle relate dans *La Mort intime*, préfacé par François Mitterrand, quelques mois avant sa

1. Marie de Hennezel, Jean-Yves Leloup, *L'Art de mourir, op. cit.*, p. 44.
2. Lytta Basset, *Ce lien qui ne meurt jamais,* Paris, Livre de Poche, 2010.

mort. *« Être capable de faire taire ses peurs pour s'ouvrir à l'autre. Jusqu'au dernier instant, les paroles sont source de sérénité, "va en paix", "sois dans la lumière", ou simplement "Voilà, tu es parti". Au cas où la conscience subsisterait après la mort clinique, ces paroles peuvent avoir un effet apaisant. J'ai eu le cas d'un homme qui était dans le coma depuis trois mois. Lorsque nous avons appris qu'il avait une fille de quatorze ans d'un premier mariage, nous avons réussi à persuader la mère de laisser l'adolescente voir son père. Elle a pu alors passer un après-midi près de lui, lui parlant et participant aux soins avec l'aide-soignante. Il est mort dans la nuit qui a suivi. Si j'avais un conseil à donner à celui ou celle qui tient la main d'un être qui meurt, c'est de demeurer dans l'énergie de ce moment, de ne pas paniquer, de ne pas faire de geste brusque ou se précipiter sur la personne. Je me souviens d'Yvan Amar qui est mort dans les bras de sa femme : il avait beaucoup de mal à reprendre son souffle, il s'est éteint, et elle l'a gardé serré contre elle un long moment. L'instant de la mort ne dure qu'une seconde. C'est un souffle qui s'arrête*[1]. »

1. Marie de Hennezel, INREES, magazine *Inexploré* n° 14, avril-juin 2012.

Partir en paix

« *La vie est un accomplissement et la mort est le terme de cet accomplissement* », déclarait Elisabeth Kübler-Ross. La fin de vie et le processus de mourir font *encore* partie de la vie et offrent l'occasion d'une « rencontre » de la plus haute importance. Rencontre avec soi-même d'abord, pour cette ultime mise au monde, juste avant de le quitter. Vient le temps de boucler la boucle, de faire le bilan, de mettre sa vie en ordre sur tous les plans, de se laisser travailler par le sens… Rencontre aussi avec l'autre, avec les autres, dans une co-création féconde et transformatrice. C'est là le moment privilégié pour se relier et communiquer tant que faire se peut, pour se réconcilier et pardonner… avant de se quitter. Une rencontre de la dernière chance.

Ce besoin de réconciliation au sens large fait partie intégrante de la conscience accrue à l'approche de la mort. À ce stade, la personne en fin de vie s'interpelle et nous interpelle sur les conditions pour mourir en paix, désignant de manière explicite ou symbolique (par un langage spécifique) ce dont elle a besoin pour y arriver.

Si ces conditions ne sont pas comprises et remplies, les malades en fin de vie peuvent devenir anxieux, agités. Et le personnel soignant sera alors tenté de leur administrer des anxiolytiques, passant à côté de la vraie demande de ces patients.

Entre le verdict implacable de mort et la mort elle-même, il y a un temps de vie. Qui peut se révéler d'une étonnante fécondité. Contre toute attente, l'approche de la mort est l'occasion d'un éveil. Personnel, interpersonnel, transpersonnel. Cela se manifeste par une conscience qui semble grandissante, telle une ouverture subtile vers la mort. *« Je grandis. Je grandis. Je sens intensément cette croissance en moi. J'apprends à chaque instant comme jamais »*, partage Christiane Singer, à quelques pas de sa mort, sans rien occulter pour autant des douleurs extrêmes qui la taraudent.

Une période intense invitant également les proches, mais aussi l'équipe soignante à « grandir ». Les relations s'intensifient, les choses peuvent se dire (si l'on s'en donne l'occasion). Ce « passage » peut devenir, pour celui qui part, pour ceux qui restent, l'un des moments forts de l'existence. Des instants transcendants, malgré la douleur et la tristesse.

Afin de ne pas manquer cette dernière opportunité, tant pour celui qui va mourir que pour ceux qui l'accompagnent, il est essentiel de mettre en lumière certains passages clés, caractéristiques de cette conscience accrue qui peut se manifester en dernière extrémité. Ainsi, apprivoiser tant que faire se peut la mort et son processus. À défaut de quoi, par méconnaissance, de part et d'autre, des messages, des comportements, peuvent être incompris, manqués ou occultés.

En tant qu'accompagnant, témoin du processus, il faut donc apprendre à écouter… parfois entre les mots, entre les gestes, et ne jamais cesser de le faire. D'une part, pour pouvoir répondre aux demandes formulées directement ou implicitement par la personne en fin de vie. D'autre part, car au creux de ses messages, elle (nous) donne à voir ce qu'est mourir... Elle nous livre un chemin d'expérience.

Pour paraphraser Christiane Singer, la fin de vie ouvre donc une incroyable brèche, un prodigieux champ de transformations pour celui qui va mourir, mais aussi pour ceux qui l'entourent. Elle termine le Journal de sa traversée le 1er mars 2007, à quelques semaines de son décès, sur cette constatation : « *J'ai reçu par ce livre,* écrit-elle, *le lumineux devoir de partager ce que je vivais dans ce temps imparti pour que la coque personnelle se brise et fasse place à une existence dilatée*[1]. »

Telle une ouverture à l'immensité qui nous habite, par-delà notre enveloppe corporelle. C'est cela aussi le processus de mourir.

Se relier avant de se délier

Drôle d'endroit pour une rencontre, une chambre où quelqu'un s'éteint. Et pourtant... Il semble bien que les besoins des personnes en phase terminale soient avant tout d'ordre relationnel. Avant de se quitter, il faut arriver à se rencontrer une dernière fois (parfois pour la première fois, *réellement*). À se « re-lier », tant que c'est encore possible.

C'est que, dans le rythme effréné de notre société actuelle, nous ne prenons pas toujours le temps

1. Christiane Singer, *Derniers fragments d'un long voyage*, *op. cit.*

d'entretenir les liens. Dans le top 5 des regrets des mourants, auxquels elle a consacré un ouvrage[1], l'infirmière australienne Bronnie Ware, qui travaille en soins palliatifs, a pointé au moins trois regrets en lien direct avec le relationnel. Ainsi, les mourants regrettent-ils fréquemment d'avoir été trop absorbés par leur métier (majoritairement les hommes) et, du coup, de ne pas avoir assez vu leurs enfants, ni leur partenaire de vie. Autre regret le plus souvent formulé, celui de ne pas être resté en contact avec les amis. Absorbés par la vie courante, nombre de contemporains mettent de côté au fil des années des amitiés précieuses, dont ils auraient apprécié le soutien lors de leurs derniers moments. *« Les patients pensent souvent à leurs amis lorsqu'ils sont en train de mourir »*, observe Bronnie Ware. Enfin, la plupart des mourants déplorent de ne pas avoir osé exprimer leurs sentiments, avec authenticité.

Qu'il s'agisse de se revoir une ultime fois, de s'échanger ce qu'il y a encore à se dire, de régler les aspects pratiques, de dénouer les conflits, de lever des non-dits ou des secrets de famille, œuvrer aux liens se retrouve donc au premier plan du travail de la fin de vie. Des conditions pour mourir en paix. La personne qui pressent sa mort prochaine ressent souvent de manière impérieuse ce besoin de communion intime avec les autres. Or, il arrive fréquemment que les proches – conjoint, famille, amis – ne savent plus comment communiquer avec cet être qui leur échappe. Que de fois les soignants

1. Bronnie Ware, *The Top Five Regrets of the Dying : A Life Transformed by the Dearly Departing,* Hay House UK Ltd, 2012.

et accompagnants bénévoles n'entendent-ils pas, de la part des proches : *« C'est affreux, je ne sais plus quoi lui dire... »* La maladie fait peur. Les changements physiques font peur. La mort fait peur. Jusque dans le milieu médical...

Marie de Hennezel regrette cette paralysie affective, à même de brouiller cette ultime traversée, ce dernier pont entre les êtres : « *Les derniers moments de la vie d'un être aimé peuvent être l'occasion d'aller le plus loin possible avec cette personne. Combien d'entre nous saisissent cette occasion ? Au lieu de regarder en face la réalité de la proximité de la mort, on fait comme si elle n'allait pas venir. On ment à l'autre, on se ment à soi-même, et, au lieu de se dire l'essentiel, au lieu d'échanger des paroles d'amour, de gratitude, de pardon, au lieu de s'appuyer les uns sur les autres pour traverser ce moment incomparable qu'est la mort d'un être aimé, en mettant en commun toute la sagesse, l'humour et l'amour dont l'être humain est capable pour affronter la mort, au lieu de cela, ce moment unique, essentiel de la vie, est entouré de silence et de solitude*[1]. »

Une fois la réalité de la mort acceptée de part et d'autre, la personne arrivée au terme de sa vie sort de son isolement. Les relations peuvent se (dé)nouer, et l'essentiel être échangé. Parmi les personnes en fin de vie qu'il a accompagnées, Tanguy Châtel a pu observer que celles d'entre elles qui ont réussi à toucher du doigt une forme de tranquillité y sont parvenues parce qu'elles ont pu sentir qu'elles aimaient et qu'elles étaient aimées. *« C'est pacifiant, c'est réconciliant,* dit-il. *La fin de vie n'est pas un chemin balisé, c'est une route inédite pour*

1. Marie de Hennezel, *La Mort intime*, *op. cit.*, p. 17.

tout un chacun. Une route parcourue de points de passage sans précédent, de cahots... de chaos. Aussi, est-il soulageant de sentir qu'on n'est pas tout à fait seul. »

Accompagné au présent de ce qu'il vit, écouté, entendu, le patient peut alors entrer dans un autre champ de conscience : « *Il va nous surprendre, famille et accompagnateurs, par ses nouvelles manières de regarder ce qui se passe, par l'ouverture de la parole qui vient, comme un don, bousculer le train-train quotidien. Il nous prend comme témoins d'une nouvelle manière de vivre la tendresse ; il nous fait faire à travers lui l'expérience de liens qui relient sans ligoter... Dans un champ tout neuf, l'émergence de sens devient visible*[1]. »

Ce n'est pas pour rien que Maggie Callanan et Patricia Kelley ont titré leur livre : *Final Gifts*. Mourir est un temps pour s'échanger des cadeaux. « *Le patient nous donne l'opportunité d'accéder à des informations précieuses (sur le processus de mourir). Nous leur faisons le cadeau de les assister pour ce qu'ils ont besoin de terminer. Les familles sont très émues par cette puissante expérience*[2] », souligne Maggie Callanan.

Mais c'est un mode de relation particulier qui vient se mettre en place entre les différents protagonistes – celui qui s'apprête à mourir, ses proches, l'équipe soignante, les accompagnants – qui n'éprouvent pas la même réalité, la même qualité d'énergie, le même état de conscience. Ni les mêmes besoins, bien sûr. Certains

1. C. Biot, F. Guinand, F. Hortala, *Mourir vivant*, *op. cit.*, p. 152.
2. *Le Magazine de l'INREES* (précurseur de l'actuel magazine *Inexploré*) n° 5, hiver 2009-2010, p. 15.

préalables et « réglages » sont nécessaires pour arriver à se mettre en synchronie.

Les proches, d'abord, sont souvent éprouvés dans leur amour et en proie à des sentiments ambivalents. Ils peuvent ressentir une culpabilité de rester vivants, alors que celui (ou celle) qui leur est cher se meurt. Culpabilité aussi, quand l'agonie s'éternise, d'avoir l'envie inavouable que cela se termine, chahutée par le désir de retenir l'autre près de soi encore un peu. On passe alors par toutes les couleurs de l'arc-en-ciel des sentiments.

Travailler les liens au seuil de la mort demande également, à ceux qui accompagnent le mourant, de trouver une juste présence, une juste distance, pour ne pas le retenir, comme nous l'avons vu plus haut, et néanmoins arriver à le rejoindre. Lytta Basset nous dévoile un chemin probable pour y parvenir : *« La compassion, cette force agissante qui nous dépasse, va de pair avec la fermeté. Il s'agit de ne pas se laisser engloutir dans le désespoir de l'autre, dans son chaos. La clé est la différenciation : plus je me différencie de cette personne, moins je me noie, plus je suis lucide et plus je peux me laisser traverser par cette force active et surprenante, dont on ne sait pas ce qu'elle peut produire. Je suis avec toi, dans ce que la condition humaine peut avoir de douloureux, mais toi tu es toi, dans ton histoire, et moi je suis moi. Entre nous deux, il y a un courant de vie qui passe mystérieusement*[1]. »

En parlant de présence juste, la nuance peut-être très subtile, et le ressenti éminemment personnel. Ainsi, Claudine Marchant relate-t-elle l'expérience de sa sœur,

1. Entretien réalisé par l'auteur pour l'édition belge de *Psychologies magazine* n° 11, juillet-août 2011.

aujourd'hui disparue : *« En soins palliatifs, elle n'a jamais voulu voir la bénévole qui était en formation d'accompagnement. Celle-ci, pleine de bonne volonté, l'accusait en quelque sorte de ne pas se battre pour vivre. Ma sœur m'a confié que c'est la femme de ménage qui l'a le plus aidée. Elle était juste là, me disait-elle, sans rien demander, sans rien reprocher, sans rien donner d'autre que son sourire, ses "bonjour" en entrant dans la chambre et "bonne journée" en sortant. Accompagner la personne qui va mourir demande l'écoute et le respect de ce qui est juste et bon pour elle. »*

Dans cette quête de trouver le meilleur accompagnement possible pour la personne en fin de vie, une expérience étonnante est menée à l'hôpital de la Timone, à Marseille. Au sein du service d'oncologie médicale et de soins palliatifs, le Dr Éric Dudoit, psychologue clinicien et psychothérapeute, a développé une unité de psycho-oncologie et fondé l'USRE (Unité de Soins et de Recherche sur l'Esprit). Passionné de théologie, de philosophie, de psychologie humaniste, tenant d'une spiritualité laïque, il *« propose aux patients de faire un chemin à la découverte de leur intériorité »*, avec la complicité d'Éliane Lheureux, sophrologue et praticienne en massage de bien-être (en plein accord avec l'oncologue référent). Ici, on nourrit la question du sens et on apaise les patients en citant Thich Nhat Hanh, Maître Eckhart, Viktor Frankl, Krishnamurti, en partageant aussi des extraits du *Bardo-Thödol*, des Évangiles de Jean, des contes soufis, des récits initiatiques…

Dans cet accompagnement psycho-corporel, le travail de l'un va potentialiser le travail de l'autre, en synergie avec le reste de l'équipe du service d'oncologie, et en résonance avec les besoins réels du patient. *« Parfois, quand la personne est trop faible, qu'elle est en dehors du champ de la parole, même la sophrologie peut lui demander trop d'effort, alors je lui propose plutôt de l'énergétique »*, explique Éliane Lheureux. *« Je dois rejoindre le patient là où il est, dans sa vérité, et non l'emmener là où je suis,* précise Éric Dudoit. *Il ne s'agit pas de lui "inoculer" nos pensées, mais de l'accompagner. C'est lui qui est sur le terrain de l'expérience. »*

Des écueils peuvent se glisser dans la communication qui lie les accompagnants, les soignants et la personne en fin de vie, comme l'infantilisation, la pitié, voire la « chosification ». Dans le stress et la pression de certains milieux hospitaliers, il arrive que l'on assimile le mourant à sa maladie, voire à son organe déficient. Patrice Gourrier, au moment où il était entre la vie et la mort, se rappelle avoir entendu à son propos : *« Comment va le côlon de la 4 ? »* Or, comme il le dit très justement, on ne dit pas bonjour à un côlon !

La personne au seuil de la mort reste un sujet jusqu'au bout, même quand elle est confuse ou dans le coma. Il est donc essentiel, à tous les stades du processus de mourir, de prêter attention à ce que l'on dit, à ce que l'on fait quand on accompagne une personne en fin de vie. Des portes qui claquent, des entrées en trombe dans la chambre du patient, des conversations très sonores aux côtés des mourants, voire des disputes de famille : Claudine Marchant, habituée à accompagner les personnes en fin de vie, signale que c'est malheureusement monnaie courante, et qu'elle voit invariablement le front de la personne, même inconsciente, se plisser.

Ce respect indispensable ne va pas forcément de pair, pour autant, avec une gravité compassée. « *En faisant une tête d'enterrement en entrant dans la chambre d'un malade en phase terminale, nous n'allégerions pas sa souffrance ! Le malade, sa famille vivent souvent ce moment dans un huis clos baigné d'une angoisse prégnante ; nous apportons une bouffée d'oxygène, une fraîcheur qui vient de l'extérieur* », partage l'équipe de psycho-oncologie de la Timone.

Tous ceux qui ont accompagné un proche ou un patient au seuil de la mort savent que les larmes côtoient parfois le rire… Ainsi, l'humour est-il l'outil préféré de Jean Van Hemelrijck, psychothérapeute et psychologue, qui a accompagné de nombreuses personnes atteintes de SIDA et de cancer. « *Je n'ai jamais autant ri qu'en cancérologie,* reconnaît-il… en riant ! *Les patients sont dans une tension énorme. On s'adresse souvent à eux comme s'ils étaient déjà "hors la vie". Ils sont surpris quand ils voient qu'il est encore possible de rire, alors qu'ils vivent leurs dernières heures. Cela relance la vie, cela donne du sens. Grâce à l'humour, ces personnes en fin de vie couramment déshumanisées et traitées avec pitié, ne sont plus considérées comme des morts en sursis, mais pleinement comme des êtres humains faisant partie de ce monde. Je m'adresse à la part d'eux qui est en pleine vie !* »

Il faut avouer que les mots se révèlent souvent insuffisants face aux souffrances de la fin de vie. Or, la fonction première de l'humour n'est pas de dédramatiser, comme on pourrait le croire, mais bien « *de rendre pensable l'impensable, de dire l'indicible* ». Il permet un détour métaphorique, quand le mot « cru » serait trop confrontant, trop abîmant. « *Le rire,* poursuit Jean Van Hemelrijck, *offre l'occasion de se détacher de la situation, de repenser les choses dans le contexte. L'humour est un jeu d'une grande humanité. C'est une manifestation du "vivre ensemble", qui permet de créer du lien. Cela nous synchronise. En fin de vie, c'est d'autant plus vrai ! »*

Du langage symbolique au parler vrai

« Je dois prendre le bateau. Où est le bon quai ? »... « Je pars en vacances, il est temps que je fasse mes bagages. »... « Et mon passeport ? Il est où mon passeport ? ! »... « Mon train est pour bientôt, je ne dois pas le rater. »... « J'ai encore mes cartons à faire pour le déménagement. »...

Pour préparer sereinement sa mort, le malade a besoin de pouvoir parler de l'issue qu'il pressent. Mais il ne sait pas si, en face de lui, ses proches sont prêts à entendre qu'il va mourir. Ils lui ont peut-être même dit, par complaisance ou parce qu'ils veulent vraiment le croire, qu'il va guérir...

Alors, pour prévenir qu'ils sont sur le départ, les mourants utilisent généralement, dans un premier temps, un langage symbolique, propre au processus de mourir. Ils s'expriment avec des métaphores assez naturellement en lien avec le voyage, ou un changement de lieu. Ils parlent d'avion, de train, de bateau, de voiture, de douane, de valise, de frontière... Ces symboles peuvent parfois faire écho à leur vécu. Un marin dira que son bateau est prêt à prendre le large.

Maggie Callanan et Patricia Kelley, qui ont observé chez leurs patients l'utilisation de ce langage symbolique propre au processus de mourir, relatent dans leur livre *Final Gifts* l'histoire d'une jeune fille de dix-sept ans qui était en train de s'éteindre d'un cancer, quand elle s'écria soudainement avec angoisse : *« Où est la carte routière ? Je suis perdue ! »* Non averti, l'entourage peut ne pas saisir le détour symbolique partagé par celui, par celle qui veut ainsi prévenir de l'imminence de sa mort. On peut alors mettre ce message crypté sur le dos de la confusion qui advient généralement à l'approche de la mort. Or, il s'agit d'un préalable pour « tâter le terrain », ne pas heurter de plein fouet l'entourage, avant de s'exprimer plus clairement. En effet, dès que la personne en fin de vie sent une ouverture chez ses interlocuteurs – proches, soignants, accompagnants – elle parle clairement de sa mort, qu'elle sent prochaine. Elle est à même alors d'entamer le cheminement nécessaire pour pouvoir mourir en paix, autant que possible (bilan de vie, réconciliation, demandes spécifiques, etc.). Elle peut également être amenée à questionner le personnel soignant sur ce qui l'attend dans le processus de mourir. Ce qui va se passer pour elle sur le plan physique.

Le langage symbolique utilisé peut être très subtil. Une soignante fait ce récit : *« Une femme que je n'ai pas soignée, mais qui était mon amie, m'a dit au téléphone quelques jours avant sa mort, en prononçant les mots avec peine : "Je marche, j'avance." Paroles mystérieuses car, depuis des mois, elle ne quittait plus son lit. Elle ajouta : "Je progresse", avec une hésitation sur les mots, me laissant l'image non d'un chemin, mais d'un cheminement, en un lieu inaccessible pour moi et où la notion même de chemin semblait périmée. Je l'avais suivie du cœur dans une traversée désertique où elle avait perdu sa confiance dans les traitements, sa certitude de guérir, et perdu en apparence jusqu'à sa foi qui l'animait. Elle avait inlassablement cherché des causes, des buts, des signes et du sens. Avant de mourir, elle me transmettait ainsi un héritage inaliénable : elle me disait que pour elle, le sens n'était pas de trouver pourquoi une telle maladie chez une femme aussi jeune, mais que le sens était dans la marche, l'avancée, et non dans le but de la marche. Elle signifiait ainsi qu'elle avait pu se remettre debout symboliquement, entre ciel et terre. Elle avait des paroles nouvelles et le mot sens semblait plus proche de l'expérience sensible : sentir. Chaque pas était comme un tout, comme s'il contenait le tout, à la manière d'un hologramme*[1]. »

De l'importance, une nouvelle fois, de l'écoute, sans jugement, ni censure. Même si le malade s'exprime à demi-mot et qu'il faut lire entre les lignes, entre les signes. Comme l'affirmait le poète François Villon, *« qui meurt a le droit de tout dire »*...

Quand les choses sont clarifiées, de part et d'autre, que l'on a pu ainsi parler de cette mort prochaine, s'ouvre le moment d'une communication authentique. Un « *parler vrai* », pour paraphraser Françoise Dolto. Dégagé de tout verbiage. « *Cette parole vraie cicatrise tout ce qui peut encore l'être avant qu'il ne soit trop tard et que les regrets ou la culpabilité n'adviennent*[2] », écrit le philosophe Damien Le Guay.

Pour le prêtre et psychologue Patrice Gourrier, *« c'est le moment d'un dire partagé, d'une communication interpersonnelle, verbale ou non. Un regard, une main qui se pose peuvent être d'une dimension colossale, même quand la personne*

---

1. C. Biot, F. Guinand, F. Hortala, *Mourir vivant*, *op. cit.*, p. 153.
2. Ouvrage collectif, *Le Grand Livre de la Mort à l'usage des vivants*, *op. cit.*, p. 43.

n'est plus capable de s'exprimer par des mots. Il y a quelque chose qui se passe qui est du domaine de l'intersubjectivité. Cela se joue au niveau des ondes qui nous unissent et nous synchronisent ».

Dans cette communication complexe, différente par essence de ce que l'on échange dans la vie ordinaire, la personne en fin de vie peut faire des « allers-retours » entre des discussions anodines, des sujets légers et des échanges d'une lucidité extrême. Désarmante. L'équipe du pôle de psycho-oncologie de la Timone, à Marseille, se remémore ce jeune homme en phase terminale qui racontait qu'il aimait aller chez Carrefour, parce que c'est *« le meilleur endroit pour draguer »*. Et l'instant d'après, d'une lucidité implacable, il confiait : *« J'aurais aimé avoir des enfants… »*

Parfois, constatent-ils, il est plus aisé de s'exprimer à cœur ouvert avec les soignants et les accompagnants qu'avec ses proches. C'est le cas, notamment, pour les jeunes. *« Ils se montrent très confidents, par moments. Ils sont dans le vrai, dans la spontanéité. Même en évoquant leur peur de mourir, ils sont beaucoup plus directs, voire "trash". Ils peuvent être très crus dans les mots qu'ils emploient. Ce qu'ils ne disent pas à papa et maman, ils le "déposent" chez nous. »*

Cette clairvoyance extrême peut s'exprimer au moment où l'on s'y attend le moins. *« Je me souviens,* rapporte Tanguy Châtel, *de cet homme qui était confus dans ses repères spatio-temporels. À certains moments, il avait des fulgurances, durant lesquelles il y avait la révélation d'une vraie sagesse humaniste. Il s'arrêtait tout à coup et disait : "Mais Monsieur, il n'y avait pas de pouvoir ! Pas de pouvoir, et pas de courage !" Dans un éclair de lucidité, cet homme qui avait été un chef d'entreprise reconnu, prenait conscience que le pouvoir n'était qu'une illusion et que, face à l'imminence de sa mort, il n'y avait pas de courage qui vaille, seulement la peur... Il livrait là quelque chose de très intime. Comme une forme de confession, d'aveu libératoire. Cela le soulageait. J'avais l'impression que son esprit touchait à d'autres espaces... Des états de vérité, de pleine réalité.* »

Alors, à l'approche de la mort, que l'on partage une parole, un geste, un regard, des passions communes, des livres ressources... un silence, l'essentiel est de se rejoindre. De se rencontrer. D'offrir à celui qui va mourir, en tant que proche ou accompagnant, un « réceptacle » où il puisse déposer ce qui lui tient à cœur : des confidences, des regrets, des secrets, des désirs, des besoins, des révoltes, des rêves... C'est là la dernière occasion, à ne pas rater.

Réconciliation

« *Que le soleil ne se couche pas sur votre colère*[1] », peut-on lire dans la Bible...

Et aussi : « *Avant que le soleil se couche, va te réconcilier avec ton frère.* »

En langage symbolique, le coucher de soleil représente la mort de l'homme, son départ pour l'autre monde. On lui donne donc un délai suffisamment long, mais une fois ce temps écoulé, s'il n'a pas pu ou pas su résoudre son conflit, une fois « le soleil couché », il est trop tard... Les personnes qui ont eu le malheur

1. Épîtres de saint Paul, IV, 26.

de perdre un proche avant d'avoir eu le temps ou le courage de se réconcilier avec lui savent la douleur et l'éternel regret qu'il en coûte. Pour celui qui meurt, un conflit non résolu au moment du trépas peut le retenir et interférer lourdement sur le lâcher-prise nécessaire pour mourir.

La psychothérapeute Claudine Marchant partage ainsi l'histoire douloureuse d'un homme, qu'elle a accompagné au seuil de la mort : *« Cet homme était perdu en fin de vie. Il vivait séparé de sa femme, et son divorce s'était très mal passé. Durant ses derniers moments, il ne restait pas tranquille, il s'accrochait à moi. Il se tordait de douleur, mais pas seulement sur le plan physique ; il luttait contre quelque chose qui était de l'ordre de l'histoire non résolue, de la relation non pacifiée, du non-dit. »*

La prise de conscience de la nécessité de réconciliation fait donc partie intégrante de la conscience accrue à l'approche de la mort, telle que définie par Maggie Callanan et Patricia Kelley. Une réconciliation, au sens large. Avec l'autre – partenaire de vie, membre de la famille, ami… Avec soi-même, aussi. À l'heure de dresser le bilan de sa vie, le mourant peut s'en vouloir de ne pas avoir réalisé ses rêves, de ne pas avoir cherché à être plus heureux. Ces regrets font partie du top 5 consigné par l'infirmière Bronnie Ware dans son livre *The Top 5 Regrets of the Dying*, et qu'elle a pu observer au chevet des mourants.

Un besoin de réconciliation sur le plan spirituel peut également se faire sentir de manière impérieuse au seuil de la mort. Certains patients renouent avec une tradition religieuse longtemps mise de côté, voire invoquent Dieu ou les anges, alors qu'ils n'ont jamais été croyants.

Pour mourir en paix, les personnes en fin de vie savent, sentent qu'elles doivent entreprendre les démarches nécessaires pour résoudre des conflits, qu'ils soient larvés ou ouverts. Certains peuvent être fort anciens, ou concerner d'autres proches que la personne elle-même (des membres de la famille qui ne se parlent plus, par exemple). Ainsi, Evelyn Elsaesser-Valarino se souvient-elle du cas d'une femme mourant d'un cancer dont le corps, en bout de course, ne rendait pourtant pas les armes. *« Ses enfants,* confie-t-elle, *étaient à ses côtés dans une tranquille harmonie, tout semblait avoir été dit, et pourtant elle n'arrivait pas à lâcher prise. Après avoir beaucoup insisté, l'accompagnatrice en fin de vie apprit finalement que la famille comptait un fils supplémentaire, un fils maudit qui purgeait une lourde peine en prison. La mère ne pouvait pas mourir en paix tant que ce fils n'avait pas été réintroduit symboliquement dans le cercle familial, et qu'elle était certaine qu'après sa mort ses frères et sœurs s'occuperaient de lui. »*

Le besoin de terminer les choses laissées en suspens émerge souvent lors des ultimes moments. Pour boucler la boucle. Il s'agit parfois de régler des détails qui, de l'extérieur, peuvent sembler anodins, mais qui ont une importance dans le travail intérieur de celui qui s'apprête à rendre l'âme. Plus largement, l'enjeu peut être également d'exhumer des blessures enfouies, de lever des non-dits ou des secrets de famille. Il est encore temps de le faire, et la libération qui s'ensuit peut agir au niveau transgénérationnel. C'est donc un travail qui dépasse celui qui s'apprête à mourir. Un cadeau pour les générations passées, présentes et à venir.

Pour Jean-Yves Leloup, cette réconciliation « agissante » est évidente : « *Le moment de notre mort serait le résultat de tout ce que l'on a vécu personnellement et collectivement. Voilà pourquoi au moment de la mort nous pouvons être le témoin de scènes étranges. Nous pouvons avoir l'impression que certaines personnes ne sont pas seulement en train de résoudre leurs propres problèmes, mais qu'elles achèvent le travail, non seulement pour elles-mêmes mais pour toute une lignée, toute une collectivité. (...) J'ai parfois vu, dans les derniers instants d'une vie, s'opérer des rédemptions. C'est comme si tout l'amour qui n'avait pas pu être donné était offert là, dans ces dernières heures. On peut alors voir des nœuds familiaux se dénouer en quelques instants. Comme si soudain (...), il y avait une sorte de plongée dans une autre dimension à l'intérieur de nous-mêmes qui fait que l'on peut donner, pardonner. Ces personnes-là meurent réconciliées*[1]. »

Pour cet élément de conscience accrue à l'approche de la mort, il ne s'agit pas d'une expérience « venant de l'extérieur » qui s'impose aux malades, comme c'est le cas pour les visions (dont nous parlerons plus loin), mais d'un cheminement psychologique qui est accéléré, voire initié, par la proximité de la mort. Le sens que les patients lui accordent est intimement lié à leur biographie. L'élément commun consisterait en la prise de conscience que la mort est proche et que, pour mourir en paix, certaines démarches relationnelles doivent être entreprises[2].

---

1. Marie de Hennezel, Jean-Yves Leloup, *L'Art de mourir, op. cit.*, p. 87-88.
2. Evelyn Elsaesser-Valarino, in *Manuel clinique des expériences extraordinaires, op. cit.*, p. 109.

Face à l'échéance, le temps presse… Or, si l'ego, la rancune, l'orgueil se dressent, d'un côté comme de l'autre, sur le chemin de la réconciliation, le malade peut devenir irritable, agité, anxieux. Il en est de même si l'entourage ne comprend pas la teneur de ses messages, parfois formulés de manière implicite ou symbolique. La réponse à cette agitation est souvent une sédation médicamenteuse qui ne répond pas aux besoins du mourant. Une nouvelle fois, une écoute fine et attentive est indispensable. En outre, du fond de son lit, le malade en phase terminale n'est pas toujours en mesure de provoquer les rencontres ou de réaliser les procédures nécessaires pour régler ce qui lui pèse. L'entourage joue alors un rôle important sur ce plan, pour convoquer par exemple les proches concernés. Il arrive même que les soignants ou les accompagnants doivent intervenir.

Il ne s'agit pas pour autant de tomber dans l'angélisme. À l'approche de la mort, tout n'est pas toujours pour le mieux dans le meilleur des mondes ! *« La réconciliation n'est parfois pas à l'ordre du jour. Certains patients nous disent : "Non, je ne veux pas voir ma sœur, c'est une c… !" Nous devons respecter leur décision, c'est la loi »*, explique le Dr Éric Dudoit, responsable de l'unité de psycho-oncologie au CHU de la Timone.

« Heureux qui comme Ulysse a fait un beau voyage »… Les derniers instants de l'existence sont également le moment de faire le bilan de vie. Maggie Callanan et Patricia Kelley suggèrent d'encourager un inventaire mental des accomplissements et des déceptions. *« Ceci peut-être fait oralement, en compagnie de la famille et des amis, ou par écrit, à titre de biographie qui peut être transmise aux*

générations futures ou encore sous forme de lettres adressées aux jeunes enfants qu'ils pourront lire quand ils auront grandi[1]. »

Une fois réconcilié, à la fois sur le plan horizontal du relationnel et sur le plan vertical du transpersonnel, le malade entre généralement dans une zone de paix, où il peut s'atteler au travail intérieur propre à l'approche du trépas. À son ultime mise au monde, avant le grand passage.

1. Maggie Callanan, Patricia Kelley *Final Gifts, Understanding the Special Awareness, Needs, and Communications of the Dying*, *op. cit.*, p. 159.

Visions au seuil de la mort

Alors que la mort approche à grands pas, nombre de malades en phase terminale viennent éprouver notre rationalité… Ils confient voir, c'est selon : leur mère disparue, leur grand-père mort depuis vingt ans, leur sœur suicidée ou encore un ami décédé, au pied de leur lit, venus les « *chercher* », disent-ils le plus naturellement du monde, apaisés par cette perspective… D'autres se mettent à marmonner, à entamer une discussion interactive qui semble cohérente ou à tendre les mains vers une présence, invisible aux yeux des proches ou des soignants présents dans la pièce. D'autres encore évoquent des paysages « *grandioses* ». Tandis qu'un enfant sur le point de mourir dira calmement qu'il voit un monsieur « *éclairé de l'intérieur* » venu pour l'emmener…

Ces visions caractéristiques de la conscience accrue à l'approche de la mort annoncent l'imminence du décès et disent l'extraordinaire avec des mots ordinaires, du moins simples d'accès. La personne en fin de vie confiera sobrement : *« Maman est là, près de moi. »*

Le lien d'amour semble être l'élément primordial pour qu'une apparition ait lieu. « *Les enquêtes menées indiquent que 91 % des personnes figurant dans les apparitions sont des parents. En ordre décroissant, il s'agit de la mère du mourant, du conjoint, de la fratrie, du père, des parents de la génération précédente*[1]*, etc. Les apparitions représentant des figures religieuses ou mystiques, façonnées selon l'appartenance religieuse du patient, sont plus rares. Quant à la question de savoir si des mourants ont des visions de personnalités célèbres, la réponse est non, à moins que la personne ayant la vision se trouve être un proche d'une personne qui a été célèbre de son vivant* », fait ressortir Evelyn Elsaesser-Valarino.

Si de nombreux accompagnants et soignants sont confrontés à ce type de phénomènes, peu en parlent ou sont à l'aise pour les évoquer. Évoluant dans un univers médical, au sein d'une société rationnelle, ils ne savent pas comment catégoriser ces expériences et osent rarement s'en ouvrir à leurs collègues ou aux proches du patient, de peur d'être jugés.

Loin pourtant d'être anecdotiques, ces visions récurrentes semblent faire partie intégrante du processus de mourir. Selon le neuropsychiatre britannique Peter Fenwick, qui a consacré un livre intitulé *The Art of Dying*[2] aux expériences au moment de la mort, elles ont été négligées car elles sont systématiquement associées au débat sur la vie après la mort *« qui n'est pas près d'être clos »*. « Quoi qu'il en soit, poursuit-il, *il est de plus en plus généralement admis que ces expériences sont spirituelles, au sens où elles revêtent aux yeux du patient une signification personnelle profonde »*.

1. Karlis Osis, Erlendur Haraldsson, *Ce qu'ils ont vu… au seuil de la mort,* Éditions du Rocher, « L'âge du verseau », 1977, p. 110.
2. Peter et Elizabeth Fenwick, *The Art of Dying*, Continuum, 2008.

Elles modifient en effet la perception et le vécu de la proximité de la mort, et le sens que cela revêt, pour celui qui s'apprête à mourir, mais aussi pour ceux qui restent, du fait de l'apaisement que ces visions semblent produire chez le mourant.

« C'est très réconfortant. Cela peut aider quelqu'un à voir la mort comme un passage qui n'est pas uniquement physique. Nos patients nous parlent du contrôle qu'ils ont, de la sensation qu'ils ne meurent pas seuls, qu'ils sont accompagnés d'êtres spirituels ou de parents déjà décédés ; ils savent qu'ils vont mourir, ils se préparent pour ce voyage, ils voient où ils iront comme un lieu d'une grande beauté ; ils meurent en paix au lieu d'être angoissés, d'avoir peur. Ce sont toutes les leçons que nous pouvons tirer pour apprendre à mieux vivre avec la peur de mourir[1] *»*, estime Maggie Callanan, pour qui ces visions font partie intégrante des phénomènes de la conscience accrue à l'approche de la mort, qu'elle a pu observer – avec sa collègue, Patricia Kelley, auprès de patients en fin de vie.

Visions ou hallucinations ?

La question est légitime, bien sûr. D'autant que ces visions se produisent à l'approche de la mort, processus durant lequel près de 70 % des malades peuvent éprouver à un moment ou un autre de la confusion. On serait donc tenté de qualifier ces expériences ou ces apparitions, d'hallucinations ou de délire accompagnant la régression des fonctions cérébrales. Ou la

1. *Le Magazine de l'INREES* (précurseur du magazine *Inexploré*) n° 5, hiver 2009-2010, p. 17.

sédation pharmacologique. Si ce n'est que certains témoignages troublants ne cadrent pas avec cette hypothèse…

Car en effet, comme le souligne Evelyn Elsaesser-Valarino, les mourants, eux, ne doutent pas une seconde de la réalité de leur vision. « *Tout en conversant avec leurs visiteurs, ils décrivent leur présence à leur entourage, mais ils sont parfaitement conscients qu'ils sont les seuls à pouvoir voir les défunts. Tout se passe comme s'ils disposaient d'une double vision et ils savent très bien faire la distinction entre les deux réalités. Ainsi, disent-ils à leurs proches : "Je sais que vous, vous ne pouvez pas voir Alain [le mari décédé], mais moi je peux le voir ! Quand votre heure sera venue, vous aussi vous pourrez voir les personnes décédées." Bien sûr, leur seule conviction ne constitue pas une preuve de l'authenticité de l'expérience. Comment faire la différence entre une hallucination et une vision ? Une hallucination est définie comme une "perception sans objet". La question fondamentale est ainsi de savoir si les visions sont des "perceptions sans objet", donc des hallucinations, ou des perceptions extrasensorielles d'une réalité inaccessible aux cinq sens. La fièvre ou l'administration de médicaments qui peuvent provoquer des hallucinations pourraient être une explication de la survenue des visions. La recherche montre cependant que ni la fièvre, ni l'administration de médicaments ne sont des critères déterminants pour la survenue des visions. Bien au contraire, la lucidité des patients semble favoriser, voire conditionner, les visions. Par ailleurs, les visions des personnes en fin de vie et les hallucinations présentent des caractéristiques différentes et ne mettent pas en scène le même type d'objets. Les visions sont de courte durée (quelques secondes), cohérentes et entièrement axées sur la mort du patient et son passage dans l'autre monde, tandis que les hallucinations sont décousues. Les apparitions représentent toujours des personnes décédées qui étaient émotionnellement proches du mourant tandis que les hallucinations mettent en scène toutes sortes de personnages bizarres et effrayants, des monstres, etc. Les visions et les hallucinations diffèrent fondamentalement par leur signification et par leurs conséquences. Les apparitions de proches décédés enchantent et rassurent les malades, tandis que les représentations qui figurent dans les hallucinations ont un caractère fortuit et un effet désorientant. En résumé, on peut dire que les hallucinations sont par essence effrayantes, alors que les visions sont des expériences lumineuses, réconfortantes et rassurantes. La conséquence la plus merveilleuse des visions est le fait qu'elles délivrent les mourants instantanément de la peur de la mort. En quelques secondes, la peur, voire la terreur, fait place à la sérénité et à l'acceptation tranquille de la mort imminente. Pour les proches également, c'est merveilleux d'assister à cette transformation radicale et infiniment rassurante. »*

Ces expériences de visions au seuil de la mort ont déjà été étudiées dans les années 1960 par le professeur de psychologie islandais Erlendur Haraldsson et le psychologue letton Karlis Osis. Fondée sur plusieurs centaines de cas aux États-Unis et en Inde, leur étude distingue trois catégories d'hallucinations observées : 1/ confuses et incohérentes ; 2/ cohérentes et exprimant des préoccupations liées à la vie du patient ; 3/ cohérentes et exprimant des préoccupations relatives à l'ici et maintenant et au processus de mourir en tant que transition. Dans leur livre initialement paru en 1977, *Ce qu'ils ont vu au moment de la mort*[1], qui relate ces travaux, ils exposent le cas d'un Américain de 65 ans, « *souffrant d'un cancer, mais qui semblait avoir l'esprit tout à fait lucide (…). Il vit des gens qui lui semblaient très réels et il dit "Bonjour !" et "Voici ma mère". Quand ce fut fini, il fit quelques gestes, les bras tendus. Il ferma les yeux et parut apaisé. Avant l'hallucination, il était très malade et avait des nausées ; après, il se montra paisible et serein.* » Pour Erlendur Haraldsson, rencontré par la rédactrice en chef du magazine *Inexploré*, Virginie Gomez, « *le terme de visions serait plus approprié que celui d'hallucinations pour qualifier ces apparitions* ». Elles ont l'apparence soit de proches décédés, très majoritaires aux États-Unis, soit de figures religieuses ou mythologiques, plus nombreuses en Inde ; il n'y a pas de corrélation entre ces apparitions et la prise de médicaments, la fièvre, ou un trouble psychiatrique ; plus le mourant est lucide et plus il a de chances d'avoir de telles visions – l'inverse de ce que l'on aurait pu imaginer, ce qui rend moins valide l'hypothèse d'un délire confus – ; il les perçoit comme venant de l'extérieur pour l'emmener vers un ailleurs. Erlendur Haraldsson précise également que « *la personne était souvent surprise, elle ne s'attendait pas à ces visions, qui semblent rendre la mort plus facile*[2] ».

En étudiant les expériences vécues à proximité de la mort par 200 patients (hommes et femmes de tous âges, de tous niveaux d'instruction et statuts socio-économiques,

1. Karlis Osis, Erlendur Haraldsson, *Ce qu'ils ont vu au moment de la mort, op. cit.*
2. INREES, magazine *Inexploré* n° 14, avril-juin 2012, p. 31.

de races et de nationalités diverses, de courants religieux différents, certains étaient agnostiques, d'autres athées...), Maggie Callanan et Patricia Kelley – sans avoir lu au préalable le livre d'Osis et Haraldsson, faut-il préciser – sont arrivées à des conclusions similaires : les visions et les propos pouvant sembler incohérents des mourants ne sont de loin pas (toujours) le produit d'un cerveau en souffrance ou les effets secondaires d'un médicament, mais font partie des expériences spécifiques à l'approche de la mort et de la manière propre de s'exprimer des personnes en fin de vie.

Le Dr Jean-Jacques Charbonier, anesthésiste-réanimateur, souligne de son côté que dans le cadre de certains témoignages, la thèse hallucinatoire est difficilement crédible. *« Si une personne dit, au moment de la mort : "Je vois maman qui est venue m'accueillir ; elle m'attend, elle est de l'autre côté", on pourrait dire que c'est du domaine d'une hallucination due à des images stockées dans sa mémoire ; ça réapparaît à cause de l'angoisse, des endorphines, etc. Mais quand un mourant voit une entité qui se présente au pied de son lit – un proche perdu de vue par exemple, dont il ne sait pas qu'il est décédé, et que cela se vérifie par la suite, il y a de quoi se poser des questions ; ça ne peut pas être une hallucination, puisqu'il ne sait pas que la personne est décédée. Or, ça s'est déjà produit ! »*

Jean-Jacques Charbonier confie également que beaucoup de patients décrivent des paysages magnifiques, lumineux, et s'exclament : *« Oh, que c'est beau ! »*

« J'ai l'impression, confie-t-il, *qu'ils vivent le même voyage, mais que les mots qu'ils emploient sont imprégnés de leur vécu, de leur culture, de leur religion. Un enfant dira : "J'ai vu un monsieur qui s'éclaire tout seul", en parlant d'un être*

de lumière... Je dirais qu'à l'approche de la mort nous expérimentons une conscience intuitive reliée à toutes nos capacités extrasensorielles. »

La nature personnalisée des visions ressort du fait qu'elles sont basées sur l'expérience de vie du patient et représentent souvent ce qui lui est le plus cher et qu'il souhaite peut-être revoir au moment de quitter son existence. *« Un golfeur qui a vécu beaucoup d'heures de bonheur sur les terrains de golf verra peut-être un magnifique parcours de golf qui lui rappelle de beaux souvenirs au moment de quitter la vie. Son attention serait alors tournée vers le passé, tandis que les visions de paysages paradisiaques le projetteraient vers son avenir immédiat. D'autres visions peuvent revêtir une connotation plus symbolique, telle cette malade qui a vu "un bateau qui venait la chercher". Le langage symbolique utilisé par les mourants compte d'innombrables exemples, tel ce pilote d'avion qui disait que son avion était prêt à décoller. Il est certain que les visions sont imprégnées du vécu des mourants et leur nature symbolique ne doit pas être négligée »*, précise Evelyn Elsaesser-Valarino.

Entre-deux

Le plus interpellant dans les visions au seuil du trépas, c'est que le mourant semble expérimenter un entre-deux. Encore de ce monde, il semble fouler d'autres territoires... Il communique *à la fois* avec ceux qui l'accompagnent dans l'ici et maintenant (soignants, proches, bénévoles) et avec les entités décédées venues les chercher. Parvenant, semble-t-il, à faire la différence entre les deux réalités.

Le sociologue et accompagnant bénévole en soins palliatifs Tanguy Châtel confie que certaines personnes en fin de vie qu'il accompagne sont *« là dans la chambre et semblent déjà être ailleurs »*. Il poursuit : *« Ces mourants sont avec nous et ils sont ailleurs. Ils ne sont pas dans l'un ou l'autre. En fait, ils semblent être dans deux mondes en même temps. À l'image d'un trait d'union, ils se trouvent dans un entre-deux et font part de quelque chose de cet Ailleurs. »*

Il se souvient plus précisément de certains patients qui se sentaient accueillis par leur mère, par leur sœur (notamment d'un homme qui voyait, avec grand soulagement, sa sœur, qui s'était suicidée). *« Ils semblaient les voir »*, précise-t-il, en soulignant qu'il accueille pleinement ce qu'ils partagent, à l'approche de leur mort. *« Je n'ai pas pris ça pour du délire ; il m'a suffi pour ça de voir l'effet d'apaisement que cette vision leur a procuré. Instantanément. Cela va même au-delà du soulagement : c'est de l'ordre de la joie. »*

Tanguy Châtel revient sur la différence qui peut être faite entre visions et hallucinations : *« Dans une fin de vie médicalisée, on connaît l'impact des médicaments qui peuvent créer des perceptions altérées. Mais les témoignages dont je vous parle n'étaient pas faits dans la confusion. La personne en fin de vie, quand elle est dans un état de confusion, passe d'une idée à l'autre, ou elle tourne en rond de manière obsessionnelle autour d'une même idée. C'est souvent couplé à une angoisse forte. Alors que pour ces expériences il y avait une forme de stabilité à cet endroit-là ; cela avait toute l'apparence d'une discussion normale, interactive. Par moments, j'ai vraiment eu l'impression que nous étions trois dans la chambre ! »*

Tanguy Châtel regrette que bon nombre de ceux qui expérimentent ce genre de phénomènes au seuil de la mort n'osent pas partager ce qu'ils vivent et se censurent, en se disant que personne ne les croira, ni ne comprendra ce qu'ils vivent, ce qu'ils voient… *« Notre culture rationnelle,* dit-il, *met un frein à la liberté d'oser en parler. »* Ce que confirme le psychiatre Christophe Fauré : *« Nous vivons dans une société où l'irrationnel n'a pas bonne presse. Tous les gens qui cherchent à se rassurer sur leur propre normalité vont s'empresser d'affirmer à quel point ils sont cartésiens ! Comme si c'était l'Alpha et l'Oméga de la bonne santé psychique d'être "très cartésien". Donc, si on est "très cartésien", tout ce qui ne peut pas trouver d'explication va être considéré comme louche, interprétatif, ni fiable, ni sérieux. Comme on est dans un contexte médical où l'on prend soin de gens, avec des procédures, il y a peut-être une sorte de peur de se voir taxer de non professionnel, de se discréditer en racontant ces choses.*[1] »

Le père Patrice Gourrier, prêtre et psychologue, repense, lui, à cette femme qui lui a confié l'ineffable au seuil de la mort, qu'elle n'a pas pu révéler à son conjoint. *« Ça m'a frappé. Elle m'a dit, une fois que son mari était sorti de la chambre : "À lui, je ne peux pas le dire, mais à vous, je vous le dis : ma fille, qui est morte, est là dans la chambre, et je sais qu'elle vient me chercher". Je respecte profondément ce qui est dit. Là, je suis face à l'indicible. Elle n'avait pas osé l'exprimer à son mari, parce que quand elle lui partageait des vécus de cet ordre, il lui disait : "Arrête, tu délires là, c'est à cause de tes médicaments !" À la lumière de mon expérience de mort imminente – où je me questionne moi-même : est-ce un rêve ou la réalité ? – je suis en empathie avec ce que peuvent expérimenter les personnes à*

1. *Ibid.*

l'approche de la mort. En tant que croyant, je pense qu'il y a ce pont entre le Ciel et la Terre, entre la Terre et le Ciel. Et je pense que c'est justement à travers la maladie et cette perspective de la mort que l'on prend le plus conscience de ça. Je pense foncièrement que dans les derniers instants, on a un pied d'un côté, un pied de l'autre. En psychologie, on dirait qu'on est dans un entre-deux. Une personne qui va mourir est déjà dans cette perspective de la vie éternelle, mais pas totalement puisqu'elle est encore là. Elle est dans un entre-deux. »

Les limites habituelles de l'espace et du temps semblent s'estomper à l'approche de la mort, permettant notamment des expériences de « sorties hors du corps », comme le rapporte le Dr Fabienne Chudacet, qui exerce à la Maison Médicale Jeanne Garnier. Elle précise que *« ces phénomènes peuvent ensuite être vérifiés en discutant avec l'entourage »*. Ainsi, un matin, un patient dit au médecin qu'il avait vu dans la nuit sa mère victime d'un accident cardiaque, emmenée en urgence par les pompiers. *« J'ai assisté à cela et je suis revenu dans mon corps brutalement parce qu'on est entré dans ma chambre pour aspirer mes glaires »*, ajouta-t-il. *« Cela était censé se passer à Saint-Mandé, bien loin de Jeanne Garnier,* poursuit Fabienne Chudacet. *Quand sa sœur vint un peu plus tard, elle me dit : "Surtout ne le dites pas à mon frère, mais notre mère a eu une crise cardiaque cette nuit*[1]". »

Au seuil de la mort apparaissent d'autres phénomènes inexpliqués qui *« viennent interpeller les humains gorgés de raison que nous sommes, peu ouverts au niveau des sens »* (*dixit* Tanguy Châtel). Il suffit de voir les cas où les

1. *Ibid.*

animaux se manifestent auprès des mourants, semblant « flairer » l'imminence de leur mort et compatir à leur manière à ce qu'ils traversent. L'histoire la plus connue à ce sujet est celle du chat Oscar qui vit dans une unité hospitalière de Rhode Island, aux États-Unis (*Steere House Nursing and Rehabilitation Center*). Celui-ci, n'étant pourtant pas très affectueux de nature, a pour particularité d'aller systématiquement près des patients sur le point de mourir et de se blottir contre eux durant leurs derniers instants. Ces patients, faut-il préciser, sont dans les stades ultimes de leur maladie (Alzheimer, Parkinson…) et généralement inconscients de leur environnement. Ce qui a surpris l'équipe soignante, c'est que les personnes auprès desquelles Oscar va se blottir meurent en général deux à quatre heures après l'arrivée du chat. Ce qui a entraîné la mise en place d'un nouveau dispositif : lorsque le chat est trouvé endormi contre un patient, l'équipe appelle ses proches pour les prévenir de ce qu'ils pensent être sa probable mort imminente. Si le chat est exclu de la pièce à la demande de la famille, il proteste en miaulant devant la porte. Lorsqu'il est présent, Oscar reste près du patient jusqu'à sa mort, après quoi il s'en va comme il est venu…

L'ultime mise au monde

« *Le moment de la fin de vie, c'est le moment où l'être tente de se mettre une dernière fois au monde avant de disparaître »,* livre le psychanalyste Michel de M'Uzan, évoquant ainsi ce qu'il appelle *le « travail du trépas ».* Tel un accouchement, à l'envers. En accompagnant les personnes en fin de vie, le psychothérapeute Thierry Janssen perçoit qu'elles accouchent d'une partie profonde de leur être qui leur permet, dit-il, de *« passer de la survie à la vie ».* Le psychothérapeute qu'il est les accompagne dans cette mise au monde, opérant un travail d'accoucheur.

Quand le malade en phase terminale atteint le stade ultime de l'acceptation face à la mort – stade d'acceptation auquel tous n'accèdent pas –, il peut démarrer un profond travail intérieur. Initiatique. Alchimique. Il arrive aussi qu'au cœur du chaos de la souffrance et de la dégénérescence le patient soit « saisi » par cette ouverture de conscience. D'une intensité vitale d'autant plus déconcertante que la vie quitte à petits pas le corps…

Cette possible « mise au monde » au seuil de la mort bouleverse le sociologue et accompagnant bénévole en soins palliatifs Tanguy Châtel : *« Il y a quelque chose qui naît qui n'était jamais né avant, quelque chose qui s'enfante en fin de vie… Pour moi, ce travail de naissance au seuil de la mort, c'est ça qui est surnaturel. De l'ordre de l'inexploré !!! Comment, au seuil de la mort, est-on capable d'inventer du vivant ?? Réussir à naître avant de mourir : c'est là l'entreprise la plus bouleversante, la plus réjouissante, la plus audacieuse d'une vie humaine. »*

Mise à nu

Le moins que l'on puisse dire, c'est que la fin de vie est un implacable décapage ! Les masques, les armures, les carapaces, les apparences tombent. L'être est mis à nu. *« On arrive vraiment à la substantifique moelle. Une sorte d'abstract »*, constate le prêtre et psychologue Patrice Gourrier.

« On meurt comme on a vécu », dit le proverbe… L'approche de la mort révèle ce qu'il y a de plus profond dans l'individu. Ainsi, quelqu'un qui a réussi toute sa vie à masquer son angoisse, la voit-il généralement éclater au grand jour dans les ultimes moments.

Le superficiel, bousculé par l'urgence et la puissance de l'échéance, n'a plus droit de cité – il semble d'ailleurs, au fil des témoignages recueillis auprès des soignants et des accompagnants, que ceux et celles qui avaient misé toute leur existence là-dessus, se retrouvent fort démunis face à « l'essorage » de la fin de vie, qui vient bousculer le sens… Celui qu'on a donné à sa vie, celui qu'on va donner à sa mort.

Patrice Gourrier pointe le fait que dans notre société on a perdu de vue « l'être ». On fait, on s'agite, on bouge, donc on a l'impression d'exister. La maladie, elle, provoque une rupture de rythme. *« Souvent,* dit-il, *on ne s'est pas préparé à être, tout simplement. En phase terminale, l'univers se réduit : il n'y a plus que la visite de quelques personnes, le lit, la table de chevet, peut-être quelques livres… Fini les "bibelots" ! Il n'y a plus de place pour le superflu. On n'a pas d'autre choix que d'aller à l'essentiel. L'individu subit en somme une énorme purge. On est alors placé face à la nécessité de puiser en soi quelque chose de fort. C'est là qu'on assiste parfois à un* insight. » Ce mot est issu de l'allemand « *einsicht* » (compréhension, discernement). En psychologie, il décrit un moment privilégié de prise de conscience. Un « saisissement », qui apporte des réponses et des solutions, sans passer par une série d'essais ou d'erreurs. « *La prise de conscience peut être fulgurante,* souligne le père Patrice Gourrier. *J'ai assisté à des dialogues d'une inimaginable profondeur, même entre parents et enfants, entre conjoints. Cela revient si l'on peut dire à l'"Eurêka !" d'Archimède qui, d'un seul coup, trouve quelque chose qui était déjà là avant, mais en prend conscience. La maladie ou la perspective de la mort nous font prendre conscience de quelque chose qui était déjà là, mais voilé à nos yeux parce qu'on est aveugles…* »

Pour être plus précis, il faut noter que cet *insight* ne se produit pas chez tous ceux et celles qui sont à l'article de la mort. Et d'une manière générale, cela n'a rien à voir avec un éventuel cheminement (psychologique, philosophique, spirituel) que la personne aurait pu réaliser au fil de son existence. Face à l'inédit de l'approche de la mort, des personnes d'une grande simplicité peuvent vivre cette sorte de révélation, tandis que d'autres ayant pourtant accompli un intense travail d'évolution et de développement personnel peuvent tout aussi bien passer à côté.

Les différents accompagnants et soignants rencontrés relatent tous l'expérience de personnes qui, trop affolées à l'approche de la mort, n'arrivent pas à cet état de conscience lumineux. « *Je me souviens,* poursuit Patrice Gourrier, *d'une femme qui tremblait de peur à la proximité de la mort. Même si elle a connu des moments d'apaisement, elle est morte dans une panique totale, avec des yeux terrifiants. Pourquoi certains arrivent à opérer ce basculement vers une paix et une compréhension ultimes, d'autres non ? Peut-être est-ce de l'ordre de la résilience ?...* »

L'Essence et le sens

Quand l'heure n'est plus à la guérison, que la mort approche inexorablement, il est encore temps de donner un sens plus vaste et plus profond à son existence.

« *Avec les personnes hospitalisées ici en soins palliatifs, et face à la relative urgence de l'échéance, nous osons parler de spiritualité, vite et de façon claire. Quelles que soient les éventuelles convictions philosophiques et religieuses de la personne, l'approche de la mort soulève la question de l'Ailleurs. Tant pour celui qui va mourir que pour ses proches et les soignants ! La vérité est un lieu, pas un contenu. On ne sait pas où c'est, on ne sait pas ce que c'est, mais dans notre service de psycho-oncologie, on soutient cette question de l'Ailleurs* », explique de concert l'équipe de l'unité de psycho-oncologie, intégrée au service d'oncologie médicale du CHU de la Timone, à Marseille.

Dans cette quête de sens, le malade en phase terminale (quand il est encore temps pour lui de la mener, dans la limite de ses possibilités) devient en quelque sorte acteur du processus de mourir ; il ne subit plus passivement l'implacabilité de l'issue, qu'il sait prochaine. On assiste alors à une responsabilisation de la personne, qui contraste avec le modèle de notre société, davantage habituée à la victimisation et la prise en charge des individus.

À sa sortie des camps de concentration nazis, où la mort rôdait partout, Viktor Frankl a créé la logothérapie, psychothérapie humaniste destinée à responsabiliser l'individu sur le sens de sa vie ; ce qui inclut la fin de vie. « *Au lieu de se demander si la vie avait un sens, il fallait s'imaginer que c'était à nous de donner un sens à la vie à chaque jour et à chaque heure* », a-t-il déclaré, en évoquant son expérience des camps. « *Assumer notre responsabilité face à la question du sens permet d'exercer notre liberté et, surtout, de retrouver notre dignité. C'est précisément cette dignité que les malades ont besoin de pouvoir se réapproprier*[1] », éclaire le psychothérapeute Thierry Janssen.

Pour accomplir ce travail du sens, le temps restant est du temps qui… reste. Et, à proximité de la mort, la notion du temps se révèle très étonnante.

Cet ultime travail intérieur n'est pas rien… Plongée dans le chaos de la maladie (tout chaos impliquant une nécessaire déstructuration, avant que ne puisse émerger quelque chose de neuf), la personne en fin de vie n'est plus, comme c'est le cas dans la vie de tous les jours, en périphérie d'elle-même, ni à la surface de son être, mais bien projetée au cœur de « qui » elle est… L'approche de la mort peut alors représenter l'ultime

1. Thierry Janssen, *Confidences d'un homme en quête de cohérence*, Paris, Les Liens qui Libèrent, 2012, p. 147-148.

occasion de laisser tomber les faux-semblants de l'ego et de revenir à Soi.

Le psychothérapeute Thierry Janssen a ainsi accompagné un homme atteint d'un cancer au stade terminal, peu enclin dans un premier temps à effectuer un travail de conscience qui *« lui permettrait de développer une meilleure compréhension du mystère de la vie »*. Cependant, la conversation que l'homme avait échangée avec le thérapeute chemina en lui… « *En quelques jours,* témoigne Thierry Janssen, *cet homme parcourut plus de chemin vers lui-même qu'en soixante ans d'existence. Il prit conscience de ses peurs et de ses défenses, se pardonna d'avoir laissé son ego prendre le contrôle de son existence et réussit à exprimer la vérité de son Essence. Il se réconcilia avec certaines personnes dont il s'était éloigné depuis très longtemps, parvint à la conclusion que son existence avait eu du sens, et partit serein, en laissant beaucoup de paix derrière lui. Il a, de mon point de vue, réussi sa vie*[1]. »

Il est vrai que dans notre société de performance, dont le paradigme atteint son summum dans l'univers médical, quand on parle de guérison, on n'entrevoit généralement que la guérison physique. Mais à l'approche de la mort, la guérison peut se manifester sur d'autres plans ; psychique, spirituel. Ainsi, le psychanalyste Guy Corneau, auteur de *Revivre*[2] – ouvrage dans lequel il relate sa traversée d'un lymphome cancéreux de grade 4, dont il est ressorti guéri, contre toute attente médicale – confie-t-il : *« Même s'il n'y a pas guérison physique, il peut y avoir travail sur soi, transformation profonde. Une guérison de l'être intérieur qui permet de faire sereine-*

1. *Ibid.* p. 70.
2. Guy Corneau, *Revivre*, Québec, Les Éditions de l'Homme, 2010.

ment le passage vers l'autre rive. Quand il m'est arrivé d'être au plus mal, j'ai traversé des états de béatitude qui me laissaient entrevoir que j'avais trouvé la vie dans sa plénitude. Je n'avais plus de revendications ; peu importe si je continuais d'un côté ou de l'autre. Si j'étais mort, je serais mort le sourire aux lèvres. Avec l'idée que quelque chose d'un retour à un équilibre psychique profond s'est quand même passé. C'est le message de mon livre : la maladie aide à être pleinement vivant. Mais cela ne veut pas dire que l'on n'en mourra pas. Bien sûr que je vais mourir. Peut-être même du cancer. Mais je mourrai heureux de ma trajectoire[1]. »

Alors, peut-être le fait d'informer davantage sur le processus de mourir – ses enjeux, ses passages clés, ses potentialités, peut-il aider un tant soit peu à vivre le temps qui reste, ce cheminement vers Soi, en conscience ? Car, comme le rappelle Evelyn Elsaesser-Valarino : « *Au moment de la mort, les masques tombent. Les rôles que nous avons joués socialement, professionnellement, même au sein de notre famille, n'ont plus lieu d'être. Devant la mort, nous sommes face à nous-mêmes. La fin de vie est, à mon avis, la période le plus importante d'une vie, l'instant où tout ce qui a été acquis et appris au cours de l'existence trouve son aboutissement et son application. La sagesse de toute une vie, concentrée et puissante, est là, présente, dans les dernières heures de l'existence. La capacité de partir en paix vient de là et, là encore, c'est attribuable à la conscience accrue à l'approche de la mort, à cet état de conscience sublimée, comme si la personne avait déjà été touchée par la grâce. Toutes les réflexions, tous les engagements, toutes les révoltes, les remises en question, bref, le cheminement spiri-*

1. Interview réalisée par l'auteur, publiée dans le magazine *Néosanté* n° 1, mai 2011, p. 13.

tuel et philosophique de toute une vie, jusque-là théorique, va être sollicité. Quelques jours, quelques heures avant le décès, c'est impressionnant de voir comment, parfois, les personnes peuvent se transformer et atteindre une hauteur, une dignité, un rayonnement d'amour qu'elles n'avaient peut-être pas dans le quotidien. »

Un sentiment partagé par la psychologue Marie de Hennezel : « *Tout ce qu'on peut affirmer, c'est que la plupart des humains ont cette intuition que la vie continue au-delà de la mort. À mon sens, la réalité est bien au-delà de ce que nous imaginons, et ce n'est pas du domaine de la science. C'est de l'ordre de l'expérience, du sentiment personnel. (...) C'est dans une forme de rapport à soi-même et aux autres que cette curiosité peut s'épanouir. Favoriser cette spiritualité n'a rien à voir avec une quelconque religion. Quelles que soient leurs croyances religieuses ou philosophiques, les hommes et les femmes qui participent au mouvement des soins palliatifs sont au service d'une même éthique : respecter le mourant et la qualité du temps qui lui reste à vivre, et lui offrir des soins et une écoute suffisamment ouverte et respectueuse pour qu'il entre vivant dans sa mort. Cette approche humaniste se base sur quelques grands principes : la mort n'est pas un échec, mais fait partie de la vie ; le temps du mourir doit être respecté car il a un sens et une valeur ; accompagner ce temps exige de tous une acceptation devant l'inéluctable qu'est la mort ; enfin, l'expérience de l'accompagnement est un enrichissement, car elle nous humanise. On ne le dira jamais assez : on apprend et on reçoit beaucoup de ceux qui meurent*[1]. »

Il est clair qu'il ne s'agit pas là de « *sublimer le mourant* » (*dixit* Tanguy Châtel), qui vit sans conteste le passage le plus escarpé de son existence, mais ce qu'il

1. INREES, magazine *Inexploré* n° 14, avril-juin 2012.

nous livre comme chemin d'expérience sur le processus de mourir peut nous aider à ouvrir le débat et prendre davantage conscience de la mort dans tous ses aspects. De la vie dans son essence. De la valeur infinie de chaque instant et de l'éternel recommencement dont chaque souffle est porteur. *« La mort est notre professeur de vie »,* partage en guise de conclusion Tanguy Châtel.

Comme aimait à le dire Elisabeth Kübler-Ross, *« quand la peur laisse la place à la compréhension, il devient évident qu'accepter la mort et le mourir, c'est déjà vivre plus pleinement le temps qui nous est donné. »*

Pleine et belle vie à vous !

Bibliographie

ALLIX (Stéphane), BERNSTEIN (Paul) (ouvrage collectif, sous la direction de), *Manuel clinique des expériences extraordinaires*, Paris, INREES/InterEditions, 2009.

ALLIX (Stéphane), *La mort n'est pas une terre étrangère*, Paris, Albin Michel, 2011.

ARIÈS (Philippe), *L'Homme devant la mort*, Paris, Éditions du Seuil, coll. « Points Histoire », 1985.

ATTALI (Jacques), BONVICINI (Stéphanie) (ouvrage collectif), *La Consolation*, Paris, Naïve/France Culture, 2012.

BIOT (Christian), GUINAND (Françoise), HORTALA (Françoise), *Mourir vivant*, Ivry, Les Éditions de l'Atelier, 1996.

CALLANAN (Maggie), KELLEY (Patricia), *Final Gifts, Understanding the Special Awareness, Needs, and Communications of the Dying*, Bantam Books, 1997.

CHARBONIER (Jean-Jacques) (Dr), *Les 7 bonnes raisons de croire à l'au-delà*, Paris, Guy Trédaniel, 2012.

COLLECTIF, *Le Grand Livre de la mort à l'usage des* vivants, Paris, Albin Michel, 2007.

Sa Sainteté le DALAÏ-LAMA, *Vaincre la mort et vivre une vie meilleure*, Paris, J'ai Lu, 2006.

De Hennezel (Marie), *La Mort intime. Ceux qui vont mourir nous apprennent à* vivre, Paris, Robert Laffont, 1995 – Pocket, 2006.

De Hennezel (Marie), Leloup (Jean-Yves), *L'Art de mourir. Traditions religieuses et spiritualité humaniste face à la mort*, Paris, Pocket, 2000.

De Hennezel (Marie), De Montigny (Johanne), *L'Amour ultime*, Paris, Le Livre de Poche, 1997.

Elsaesser-Valarino (Evelyn), *Le Pays d'Ange*, Toulon, Les Presses du Midi, 2008.

Kübler-Ross (Elisabeth), *Les Derniers Instants de la vie*, Genève, Éditions Labor et Fides, 1975.

Kübler-Ross (Elisabeth), *La mort est une question vitale*, Paris, Albin Michel, 2010.

Kübler-Ross (Elisabeth), *Avant de se dire au revoir*, Paris, Pocket, 2010.

Kübler-Ross (Elisabeth), *Accueillir la mort*, Paris, Pocket, 2002.

Kübler-Ross (Elisabeth), *La Mort, dernière étape de la croissance*, Paris, Pocket, 1993.

Kübler-Ross (Elisabeth), *La Mort, porte de la vie*, Paris, Le Livre de Poche, 1995.

Lagrand (Louis) (Ph.D.), *Love Lives On*, Berkley Books, 2006.

Morin (Edgar), *L'Homme et la mort*, Paris, Éditions du Seuil, coll. « Points Essais », 1976 (édition revue et augmentée).

Osis (Karlis), Haraldsson (Erlendur), *Ce qu'ils ont vu au seuil de la mort*, Éditions du Rocher, coll. « L'âge du verseau », 1977 – Pocket, 1991.

Pinard (Suzanne), *Accompagner la vie, la mort et le mystère*, Québec, Éditions de Mortagne, 2010.

Rinpoché (Sogyal), *Le Livre tibétain de la Vie et de la Mort*, Paris, Le Livre de Poche, 2005.

Thomas (Louis-Vincent), *Anthropologie de la mort*, Paris, Payot, 1975.

Van Lommel Pim, *Mort ou pas ? Les dernières découvertes médicales sur les EMI,* Paris, INREES/InterEditions, 2012.

Trungpa Chögyam, *Bardo. Au-delà de la folie*, Paris, Éditions du Seuil, 1995.

Sites web

www.inrees.com (Institut de Recherche sur les Expériences Extraordinaires)
www.elsaesser-valarino.com
www.maggiecallanan.com
www.charbonier.fr
http://t.chatel.perso.sfr.fr
www.thierryjanssen.com
www.pimvanlommel.nl
www.claudinemarchant.be
www.christophefaure.com
www.toslog.com/mariedehennezel

Filmographie

Aux frontières de la vie, film écrit par Stéphane Allix, Natacha Calestrémé et Maurice Ferlet, réalisé par Maurice Ferlet pour la série documentaire Enquêtes extraordinaires, Bonne Pioche/M6, 2010 (En DVD aux éditions Montparnasse.)

Remerciements

Un chaleureux merci à ceux et celles qui ont apporté à ce livre l'éclairage de leur expérience et de leur vision de l'approche de la mort : Evelyn Elsaesser-Valarino, Tanguy Châtel, le Dr Jean-Jacques Charbonier, le Dr Pim van Lommel, le père Patrice Gourrier, Thierry Janssen, le Dr Éric Dudoit, Éliane Lheureux, Claudine Marchant, Valérie Lafay, ainsi que le personnel soignant et tous ceux qui ont témoigné de l'accompagnement d'une personne en fin de vie. Sans oublier Virginie Gomez et le magazine *Inexploré*, pour la richesse inspirante du dossier consacré à la mort et au processus de mourir.

Mes remerciements vont également aux nombreux auteurs, chercheurs, thérapeutes, penseurs qui, par leurs enseignements et leur inspiration, habitent ce livre.

Merci également à David Vargas pour son soutien sans faille et ses relectures.

Enfin, ma reconnaissance va à Stéphane Allix, ainsi qu'à Florence Lécuyer et à Jeanne Castoriano, des éditions de La Martinière, pour leur confiance.

Table

Pour aller plus loin...

Stéphane Allix est le fondateur de l'INREES, l'Institut de Recherche sur les Expériences Extraordinaires. L'INREES est aujourd'hui le premier et le seul organisme en France à aborder avec sérieux, et pour le grand public, ces sujets que nous qualifions d'extraordinaires, voire de *surnaturels*. En ces temps où des champs nouveaux de connaissances émergent, l'INREES offre ainsi un cadre pour parler de science et de spiritualité, des dernières recherches sur la conscience, de la vie, de la mort, et rapprocher de manière scientifique et rigoureuse le monde visible du monde invisible. Sans tabou, sans préjugé, avec rigueur et ouverture.

Découvrez sur www.inrees.com le plus vaste espace internet d'information rassemblant toutes les références scientifiques disponibles sur ces questions, des articles inédits, des vidéos et toute l'actu de l'extraordinaire. Parce qu'il est possible de s'intéresser à ces expériences que nous n'arrivons pas à expliquer tout en conservant les deux pieds sur terre.

L'INREES, c'est aussi des conférences régulières avec les plus grands experts mondiaux, scientifiques, médecins, *expérienceurs*, etc. Disponibles intégralement en vidéo HD pour les abonnés sur www.inrees.com

L'INREES dans les kiosques :

Découvrez *Inexploré*, le magazine créé par Stéphane Allix.

Inexploré est un magazine grand public publié par l'INREES et destiné à un lectorat désireux d'explorer les frontières de la psychologie, de la spiritualité et des sciences. *Inexploré* : le magazine de référence, en kiosque ou sur abonnement. Info sur www.inrees.com

Et si l'extraordinaire nous aidait à repenser la société ?

Réalisation : Nord Compo, à Villeneuve-d'Ascq

Département éditorial Art de vie

Impression : CPI Firmin Didot, à Mesnil-sur-l'Estrée
Dépot légal : avril 2013 - N° 108069 (117247)

Imprimé en France